大富豪の仕事術

経済的成功をつかむための具体的で現実的な8つの行動

マイケル・マスターソン

The Pledge
Your Master Plan
for an Abundant Life

DIRECT PUBLISHING

The Pledge

by Michael Masterson

Copyright©2011 by Michael Masterson

Japanese Translation rights arranged with

John Wiley & Sons International Rights, Inc.

through Japan UNI Agency, Inc., Tokyo

ALL Rights Reserved. This translation published under license.

献辞

　優先順位決定、計画立案、体系化、そしてこの本を完成させるための理論と技術を学ぶ私に力を貸してくれたスティーブン・コヴィーとデール・カーネギーに。

謝辞

　この本を書くにあたりご協力いただいた以下の人々に感謝したい。
　文書を仕上げ、1冊の本にまとめるために力を尽くしてくれたキム・ランスデール。
　この本のエッセイの選択と編集を担当してくれたスザンヌ・リチャードソン。
　事実調査と裏づけデータの追究に迅速かつ熱心に取り組んでくれたジェイソン・ホランド。
　私の文章を理路整然としたわかりやすいものにするために奮闘してくれたジュディス・ストラウス。

大富豪の仕事術

CONTENTS

大富豪の仕事術
CONTENTS

はじめに　今日から始まる充実した人生の送り方
あなたが一歩を踏み出せない本当の理由……16
あなたの人生のスコアがわかるテスト……17
目標達成を阻むものは何なのか……22
99％成功保証のマスタープラン……24

PART 1 充実した人生のためのマスタープラン

人生を変えるには、実のところ何が必要か？……28
一大決心した1968年土曜日の昼下がり……30
努力の方法をちょっとだけ変える……32
成功するための方法で人生を劇的に変える……34
ウエルチはマスタープランを企業経営に応用した……36
あなた専用のマスタープランをつくる……37

PART 2 一番の夢を現実のものに変えるには

ゴールを決めるか？ それとも夢を見続けるか？……42

なぜゴールを「書き留める」のか？……44

ことばの使い方であなたの人生は変わる!……48

成功するために必要な5つの言葉……50

夢を追い求めるのは妄想と同じ……52

自分のコア・バリューは何かを知る……53

なぜほとんどの人は挫折してしまうのか？……55

7年後のゴールとそれより前の目標を決める……60

ゴールに到達するために課題リストを毎日つくる……64

毎日の課題リストはこうしてつくる……66

見過ごされがちなゴールに向かって前進する……69

緊急課題を最優先してはいけない……71

成功を追跡する「日記」のすすめ……75

日記を効果的に活用する3つの方法……78

PART 3 毎日を実りあるものにするために

なぜ早起きすると稼げるようになるのか……82
早起きになるための画期的な方法……84
人生を一変させる早起きの習慣……87
生産性を最大限に伸ばす時間配分法……90
偉人も一日7時間たっぷり寝ていた……95
成功へと導く3つのステップ……98
あらゆることでトップの座に立つ……101
稼ぐ時間をつくる4つのポイント……106
仕事場を完璧に整理整頓する方法……109
成功できる人間になる仕事の習慣……114
気晴らしは「一日1時間」と決めて絶対に守る……116

PART 4 より豊かな、より楽しい人生をつくりだす

- あなたの人生に黄金の輝きを与えるもの——それは選択……120
- 金、蒸気、酸という3つの選択……122
- 時間活用するためにするべきこと、すべきでないこと……126
- 行動に踏み切れない3つの理由……131
- ちょっとした楽しみを仕事の褒美にする……134
- シンプルで満ち足りた生活を送る5つの戦略……135
- 優先順位を決めるための3つの質問……138
- 感謝の気持ちが成功を引き寄せる……140
- 今すぐあなたが感謝したい人のリストをつくる……144
- 落ち込んだときは感情を切り離す……145
- 無限の富と健康、幸福をもたらすもの……148
- 少しだけ人生を気楽に考えよう……152
- 人生では解決できない問題は起こらない……156

PART 5 成功するために必要な努力

- 今の仕事は本当にあなたがやりたいことなのか……160
- 成功する人、しない人の大きな違い……162
- 行動しない人が落ちる大きなワナ……165
- コーヒー一杯でつかんだ貴重な教訓……167
- 大成功を収めた麻薬中毒者の3つの習慣……168
- 未開拓のパワーをうまく利用する方法……170
- ほとんどの人にプラス思考が効かない本当の理由……172
- 夢追い人はプラス思考で救われない……174
- 失敗への恐怖を消す、とっておきの方法……178
- 失敗するのは恥ずかしいことなのか？……179
- 失敗が怖くなくなる原則を身につける……181
- 謙虚さは自然が最初にくれた贈り物……183
- 「なりたい自分」に生まれ変わる方法……185
- 自分は向いていないと思ったときの対処法……189
- 大きくジャンプするタイミングの見極め方……193
- 記録することで進捗状況をチェックする……196

PART 6 成功者のスキル

あなたがメンターから学ぶことは何か……200

リーダーシップについてダンスから学んだこと……203

ダンスとビジネスのある共通点……205

シンプルな問いかけには無限の力がある……211

個人のパワーを倍増する「話し方」のスキル……214

名スピーチはあなたに成功を約束する……216

力強い話し手になるための3つのステップ……219

休暇と仕事を両立させる正しい方法……222

一日4時間労働で充実した生活を手に入れる……225

儲けるためのとっておき読書術……228

大人の読書とはUBIを見つけること……232

PART 7 成功への障害
——とそれを克服する方法

最悪のシナリオがあなたを襲うとき……236
なぜ読むだけの情報にお金を払うのか……240
あなたは情報中毒者、それとも情報ユーザー?……243
情報の大洪水に飲まれず逃げ切る方法……246
電子メールは朝一番に読んではいけない……249
エネルギーが枯渇すると、マンネリになる……253
3ステップでマンネリを避ける……255
問題解決のためにプランBを用意しておく……257
自分の中に本当の幸せはない……260
「うつ」を克服する9つのステップ……262

PART 8 富を築く

自分の価値を知ってもっとリッチに生きよう……270
あなたの適正時給を計算する……271

お金持ちになる習慣と行動を身につける……273
先に自分のお金を確保すれば自動的に金持ちになれる……275
業界トップに登りつめる最善の方法……277
起業してお金を稼ぐ人、稼げない人……278
お金を3年ごとに倍増させる5つの秘訣……283
誰も知らない億万長者の「思考法」……285
億万長者と普通の人を分ける8つの違い……288
億万長者が持っている変化対応力……290
億万長者が決断する2つのポイント……293
最高の隠居生活を実現させる3つの質問……295
幸せな生活のゴールはどこにある?……298

結論

成功は出自や運、環境とは関係ない……304
マスタープランは新しい人生に誘う……307
成功する人が実践する朝時間の使い方……310
あなたは成功する準備ができている!……313

著者略歴……316

はじめに 今日から始まる充実した人生の送り方

あなたが一歩を踏み出せない本当の理由

　私たちはみなよりよい人生を望んでいるが、そのために必要な変化を進んで起こそうとする人はあまりに少ない。
　たとえば、古い友人のジョー・S。彼は会うたびに——近頃はそれもめったになくなったが——、(a) 妻 (b) 仕事 (c) 子ども (d) 身体、そして (e) 友人について不満を言う。ジョーはたいてい、ビールを1杯飲み終える前にどうにかそうしたすべての話題についての愚痴を言ってしまう。そんな彼に以前は人生を見直すよう勧めたものだった。
　私が「結婚カウンセラーに行ってみたらどうだ」と提案すると、
　ジョーは「カウンセラーなんて役に立たない」と断言した。
「それなら離婚すればいいじゃないか」
「別れないほうが安上がりだ」
　昔の私たちの会話はいつもこんな調子だった。そのうち私はアドバイスすることをやめた。最近ではジョーに会っても、私はビールを1杯飲んで帰

る。

　ジョーは極端な例だ。彼は口では変化を求めていると言いながら、実際はそうではない。いつもどおりのことをやり続けたいだけだ。みじめな人生を送り、それについてブツブツ言って自由な時間を浪費するために……。

　ジョーは身動きがとれない。

　ジョン・Ｋも同じだ。英国に住む電気技師のジョンは、私の日刊メールマガジン「アーリー・トゥ・ライズ（ＥＴＲ）」を約３カ月間購読し、連絡をくれた。ジョンは「ＥＴＲ」でたびたび「優れた」アイデアを見つけるが、スタートすることができないのだと言う。彼の問題は「モチベーションの欠如」だった。

　教養ある人間として、ジョンは「不動産、輸出入、オンラインなどに機会が存在していると認識」できるものの、「成功することを完全に、100％確信」しない限りそのいずれにも着手できなかった。

　ジョンは、失敗に対する恐怖から行動に移せないとわかっていた。感情的な問題があるのを把握しているからといって、その問題を解決できるわけではない。彼が知りたかったのは、「どうしたらこの障害を乗り越えられるか？」だった。

　ジョンのような人々のために、この本はある。人生をよりよくしたいと思いながら、——理由はなんであれ——それができないことがわかっている人々のために。

あなたの人生のスコアがわかるテスト

　私の好きな原理の１つ：**職業人生の質は、極めてシンプルな３つの質問に答えることで決まる。**

1．何をするか？
2．誰とするか？
3．どこでするか？

　私はこの簡潔さが気に入っている。そして、この質問には筋が通っている。日々感じる喜びの量は、賢明な3つの選択に大きく左右される。

1．あなたが選ぶ職業
2．あなたが選ぶ仕事関係者
3．あなたが選ぶ場所

　おそらくあなたはこうした3つの選択をすでにしているだろう。それほど考えずに選んだかもしれない。あるいは、選択したのではなくおとなしく受け入れたのかもしれない。けれども、あなたは選択とともに生きている。

　別のことをする前に——この本には一緒にやりたいと思うあらゆる種類の素晴らしいことが書かれている——。あなたの下した決断についてもう一度考えてみよう。
　以下の3つのパートのテストを受けよう。その後で、あなたのスコアについての私のアドバイスを確認してほしい。

何をするか……職業

　以下の各質問に1から10までの点数をつけて、あなたのビジネスまたは職業を評価する。あなたのビジネスの特徴を完璧に説明していれば10を、まったく当てはまらない場合は1をつける。

　企業家または専門職の人は、以下の質問に答える：

─差別特性があるため、他者が事業を打ち負かすことは難しい。
　─拡大可能：さらに仕事をしなくても、事業ははるかに大きく成長できる。
　─家賃をはじめ諸経費が低く、大規模な資本投資の必要がない。
　─インターネットを通じて十分販売でき、完全なダイレクト・マーケティングを活用できる。
　─在庫がほとんど、またはまったくない。
　─政府の規制をほとんど受けない。
　─キャッシュ・フローがプラス。独自のキャッシュ・フローを通じ、成長のための資本を調達できる。
　─必要労働量が最小限：100万ドルの収益を生み出すのに4人以上の従業員を必要としない。
　─富をもたらす能力が無限。
　─意欲を十分かきたてる──創造的、知的、感情的に。

　あなたが従業員の場合は、以下の質問に答える：
　─私のスキルを生かしている。
　─私の論理的頭脳にとって十分やりがいがある。
　─私の創造的頭脳にとって十分やりがいがある。
　─ライフスタイルとよく調和する。
　─興味深く知的な人々に囲まれている。
　─活躍し、前進する機会を与えてくれる。
　─独立的な考えを促進させる。
　─指導してくれる。
　─新しいスキルを学ぶ機会を与えてくれる。
　─正直で、顧客に価値を与えることを最優先している。

誰と仕事をするか……パートナー、ベンダー、および主な顧客

　以下のそれぞれの質問に1から10までの点数をつけて、あなたの仕事関係者を評価する。あなたの仕事関係者の特徴を完璧に説明していれば10を、まったく当てはまらない場合は1をつける。

　―私と価値体系を共有している。
　―私の長所を高く評価する。
　―私の短所を許してくれる。
　―あらゆる関係者に利益をもたらす事業取引を行っている。
　―何が正しくて何が悪いかについて同じ考えを持つ。
　―私にないスキルをもたらす。
　―意見の不一致または誤解がある場合は、説明する意志がある。
　―同僚への暴言など、問題行動を起こさない。
　―計画立案や準備を延々と行う癖がない。
　―新しい技術やテクニックを受け入れる。

　今度はあなたの主要な従業員を評価しよう：
　―私と価値体系を共有している。
　―生産的かつ勤勉。
　―私にないスキルをもたらす。
　―事業目標の達成に力を貸す。
　―競合他社を含め、すべての人に敬意を持って接する。
　―私の判断を信頼する。
　―指示や助言に従う。
　―変化に受容的である。
　―失敗の最初の兆候が見られてもパニックにならない。

―学習……および指導に常に積極的だ。

どこでするか……生活および仕事の場所

　以下のそれぞれの質問に1から10までの点数をつけて、あなたの生活と仕事の場所を評価する。生活と仕事の場所の特徴を完璧に説明していれば10を、まったく当てはまらない場合は1をつける。

―私にとって完璧な環境である。
―大好きな自然環境がある：山、海辺など。
―好ましい人口密度である：都会、郊外、農村。
―私には十分すぎるほど文化／余暇活動ができる。
―大幅に移動しなくても満たされた生活が享受できる。
―通勤時間が短くてすむ。
―快適、安全、および生産的なオフィス環境が整備されている。
―窓、または屋外エリアが十分ある。
―勤務後に行けるジムやレストランなどの施設が近くにある。
―設備が整っており、全力を尽くして仕事ができる。

点数のつけ方

　それぞれのカテゴリーの満点は100点である（各質問10点満点×職業に関する質問10問、各質問10点満点×仕事関係者に関する質問10問、各質問10点満点×場所に関する質問10問）。点数を集計して私のメモと比較してみよう。

91〜100：おめでとう！
　あなたには必要なものがそろっている。このカテゴリーにおける人生の向

上は、単にレバーの微調整の問題だろう。

70〜90：あなたは大きな成果をあげてきた

ほとんどの人々以上の成果だ。けれども、あなたはこのカテゴリーでもっとよい人生を享受できる。私たちのマスタープランプロセスなら、望む変化を起こすために必要なことを与えられるだろう。

50〜70：ほとんどの人々と比べれば、あなたはよい人生を送っている

40〜50と評価する人々がほとんどだが、改善の余地が多分にある。新たなよりよい人生のために、マスタープランが必要だ。

50以下：あなたはこれまでにいくつか間違った選択をしてきた

もっとよい選択をしなければならないかもしれない。

スコアが思ったより低いとしても心配は無用。**変えようという意欲があれば、あらゆる状況は極めて短期間に好転させることができる**。この本では、あなたができる限り最高の人生を送れる方法について話す。

目標達成を阻むものは何なのか

ジョンは、「自分の問題の一部は、もしある特定の機会に向けた努力を始めたとして、自分が間違いなく成功できると100％確信できないことだと思う」と言う。ジョンはこの障害をどうやって克服するのだろうか？

あなたがやる気を持ち、目標を設定し、止まらぬ勢いで目標に向かって突き進むとき、人生は意味を帯びる。

――レス・ブラウン

人々が人生で失敗する最大の理由の1つは、効果的な行動を起こさないことだ。貧困は問題だが、乗り越えられないわけではない。貧困の中からスタートして人生を成功させた人々は、男女ともに数限りなくいる。無知もやはり問題だが、学ぶ意志を持つ人なら誰でも打ち勝てる問題だ。**決断力のなさと（成功または失敗への）恐れは、成功にとってよくある障害**だ。だが、行動を起こし、目指す場所を把握してその方向に他人よりも先に一歩を踏み出すと誓う人なら、こうした障害はすべて容易に克服できる。
　行動しないことがジョンの問題である。実現しない機会のために努力することになるのではないかと恐れる気持ちではない！

　成功する人たちは、あらゆることが「100％」正しい、または成功することが「絶対的に確実」になるまでボンヤリ待って過ごしたりしない。彼らは**勝算がどれくらいかを見極めている。そして、勝ち目がまあまああれば、大胆かつ精力的に進む**。
　彼らには絶対的な確信などいらない。なぜなら、人生に確信など持てないとわかっているからである。
　失敗のコストは行動しないコストに比べればそれほど大きくないことを、成功者は経験から知っている。失敗の意味は、今度はもっと賢くやれるということである。
　行動しなければ、今度はない。不幸だらけの——最初は心配、そしてその後は後悔ばかりの——人生があるだけだ。
　ジョンは今、心配の世界に生きている。もしすぐに行動を起こさなければ、ジョンは後悔に身を沈めることになるだろう。
　「構え、撃て、狙え」が私のルールだ。これまで「ＥＴＲ」に何度もこのルールについて書いてきたし、私の本のタイトルにもなっている。その本の第17章では、こう説明している。

　「構え、撃て、狙え」は、人を待ち構える障害や回り道のほとんどをものと

もしないという意味である。すなわち、あなた自らが立てた目標までの最速の道を見つけ、たどり、時間や時間がもたらすあらゆる問題に打ち負かされないようにすることだ。

「構え、撃て、狙え」を実践すれば、より短い時間でもっと多くを達成できる。行動を高く評価するからだ。これは現実的なアプローチでもある。人間の不完全さと失敗を合理的に受け入れるからである。事実上、「構え、撃て、狙え」は、ほとんどあらゆることでより多くの成功を手にするための方法である。

「構え、撃て、狙え」アプローチを理解する鍵は、失敗促進の原則だ。**失敗促進の原則は、私たちが――いかなる企業においても――途中で失敗することによって最も多くを学ぶという認識の上にある。**重大な間違いについて学ぶスピードが速いほど、成功するために必要な知識を早く得られる。つまり、「失敗を恐れるな……失敗を求めよ！」である。

「ETR」で折あるごとに話題になったいかなる機会――不動産、情報発信、インターネット・マーケティングなど――も、たとえ経済状況がどうであろうと、経済的な成功にとって実行可能な手段になり得ることを、ジョンは理解できる。ならば彼は何を待っているのか？　やきもきしながら待っていても成功の確率は上がらない。早くスタートすればするほど、成功するために必要な間違いを犯すのも早まるだろう。

99％成功保証のマスタープラン

　私はジョンにとても同情する。あなたも八方ふさがりかもしれない。ジョンの場合、彼の知性が問題を悪化させている。賢い人々は心配することが得意である。彼らは失敗を恐れ、行動を遅らせる理由を思いつく達人だ。彼らは自分自身のIQの犠牲になっている。

ジョンは、心配事を気にせず行動を起こすためにもっと懸命に努力することで、それを補わなければならない。どの機会を選択するかはまったく重要ではない。彼は、何をしようと自分には成功するに足る能力があることを知っている。

　ジョンがしなければならないのは、スタートすることだけである。ほかの人より一歩前に踏み出して、動き始めるのだ。

　そのプロセスを簡単にしよう──ジョンのためだけではなく、もしあなたが彼と同じ状況にいるとしたら、あなたのためにも。私はあなたに、今日何をする必要があるかを教える。それから、あなたが成功したければ何をしなければならないかを教えよう──単に金銭的な面だけでなく、人生のあらゆる分野において。

　準備はいいだろうか？　あなたが今日しなければならないのは、次ページの誓約書に署名することだ。

　そうだ！　今すぐ署名することだ！

　私は、「絶対的な、100％の保証」を与えることはできない……。だが、あなたが私のアドバイスを受け入れ、この本で概要を説明するマスタープランに従う意志があるなら、私は来年あなたが健康、富、知恵、そして幸福を手に入れる途中にあることを、今度は──99％──請け負ってもいい。

　納得できただろうか？　それでは始めよう！

誓約書

　ＯＫ、マイケル。あなたに同意します。私は、マスタープランを作成し、今年成功するために役立てることを心に決めました。私は、疑念や不満を抱くことなく、そのマスタープランに従うことを誓います。さらに私は自分の進歩の記録をつけ、ゴール達成のために必要な時間とお金を投資する覚悟です。今年の終わりに、私はあなたに手紙を書き、自分が何を成し遂げたか正確に説明すると約束します。

ここに誓う
氏名
日付

充実した人生のためのマスタープラン

PART 1

人生を変えるには、実のところ何が必要か?

「落ちこぼれ」ということばを初めて聞いたのは、13歳のときだった。9年生のときの国語のグロウ先生は、自身の目には能力を発揮できていないと映ったある生徒の話をするのにそのことばを使った。その生徒が誰かって? 私だ。
「マスターソン君は典型的な落ちこぼれです。課題は完成させない。授業には遅刻して、ただボーッとしている。だから成績はC。平均的な力がある生徒は、月並みな成績をあげてくれれば結構です。マスターソン君にはとてもガッカリしています」

先生はクラスでそう言い放った。

その評価は私にとって意外ではなかった。正しかった。否定できなかった。その当時私が興味を持っていたことといえば、女性の成熟プロセスだった。それとフットボール。それから友だちとふざけること。学校の勉強以外のほとんどすべてのことだ。

私は読書が苦手だった。そのうえ、授業中じっと座っていることができなかった。
　ずっと後になって、自分が失読症と、今では「多動症候群」と呼ばれている病気を同時に患っていたと知った。そのころは、グロウ先生にも私にもそんなことはわからなかった。
　先生に言わせれば、私はいつだって怠け者だった。私もそう思っていた。

　努力が皮肉なのは、それが深い解放感を与えてくれることである——仕事でも、遊びでも、恋愛でも。

——アンネ・モーリス

　けれども私は、少なくとも年に一度、自分は「生まれ変わる」と自らに約束していた。グロウ先生と同じように、私は自分の成績が示すほどバカではない気がしていた。最後には「成功する」と、心の奥底で感じていた。
　成功するには、私は自分の極めて根本的なことを変えなければならなかった。その変革を始めたのは高校3年生の終わりだった。ある日、目覚めた私は、自分自身に頭に来ていることに気がついたのだった。
　大失敗ばかりでウンザリしていた。ひどい成績をとり、クラスの道化者でいるのも嫌だった。グロウ先生がそうあるべきだと考えたような人になりたいと思った。遅すぎるようにも思えた。
　卒業までたった1カ月。そんな短い間に4年間の成績不振を改めるなど、明らかに不可能だった。

一大決心した
1968年
土曜日の
昼下がり

　平凡な成績ゆえに、私には大学の奨学金を得るチャンスがなかったし、両親には学費を援助する余裕がなかった。従って、地方のコミュニティ・カレッジに行くよりほかに私に選択肢はなかった。コミュニティ・カレッジなら、年400ドルの授業料を払えば私も入れた。

　私が変わらなければ、コミュニティ・カレッジは高校時代同様、喜んで私にＣの成績をつけていただろう。けれども私は、そんな生活をこれ以上続けるなんてゴメンだった。

　かなり奇妙なことなのだが、成功していないのは見方を変えれば「メリット」だと私は気がついた。私は、平凡が支配し続ける大学環境に足を踏み入れようとしていた——自分のような高校の劣等生と競うことになる場所だ。

　もし私が残りの高校生活を、大学でよりよい新生活を送るための準備に使ったとしたらどうなるだろう？　これからの４年間で成功するのに役立つ

と思われるスキルや習慣を伸ばすことに、エネルギーを向けたとしたらどうだろうか？

　私はまさにそれを実行した。変わろうという重大決心をした後の土曜日、私は1956年型ベルエアを運転し、ニューヨーク州ヘムステッドのナッソー・コミュニティ・カレッジを訪れた。自分が入学する予定の学校やカリキュラムについて、できるだけあらゆるものを集め、すべて家に持ち帰ると、その週末をパンフレットや小冊子を丹念に読むことに費やした。
　私は学校ではやったことがないことをしていた。成功のプランを立てて、競争に勝つことだ。それから数週間後、私はその小さな大学のちょっとした専門家になっていた。大学のすべてのコース、すべての専攻、そしてその年の１年生を教えるすべての教員について把握していた。
　成功のプラン作成に率先して取り組むことで、私は非常に前向きな気持ちになった。自分自身が変わっていくのをハッキリ感じられた。私は──まだ始まってもいないというのに──まじめで熱心な学生になりつつあった。

　私は自分がまったく新しい人間として大学生活を始められることがわかった。先生たちは誰一人として、私の高校時代のふざけた態度を耳にしていなかっただろうし、仲間の学生は誰も私にクラスのおどけ役を期待したりしないだろう。
　高校時代に確立した悪い評価に関係なく大学生活をスタートできたのは、学問の神様からの贈り物みたいだった。私は成功するべくしてそこにいる、興味を持つ熱心な学生として新しいクラスに入っていくことができるだろう。

　果たしてそのとおりになった。９月、私は必要な教科書を準備して時間どおりに授業に出席した。
　前列に座り、先生が質問すると必ず手を挙げた。宿題をこなし、空いた時間に勉強した。授業に出席し、勉強し、家のペンキ塗りのアルバイトをし

て、一日16時間、週7日活動していた。

　前期が終了するころ、私は優等生と評価された。その後、大学と大学院に通う間中、私は決して努力を怠らなかった。

努力の方法を
ちょっとだけ変える

　もしも私がたまりかねて自分自身に嫌気がささなかったらどうなっていたか、考えることがある。あるいは、再出発を可能にさせたあの計画の準備ができなかったとしたら？

　そうなっていたら、ほぼ間違いなく、どこかで単調な生活を送り、好きでもない仕事をし、支払いに四苦八苦し、結果の出ない決意をし──相変わらずの落ちこぼれとして生きていくのだと確信していたことだろう。

　私がそうならなかったのは、自分自身を改めなければ人生は変わらないだろう──今も、これからも──と自覚したからにすぎない。本当には守るつもりのない約束をして、私は高校時代をムダにした。私はそうすることにウンザリしていた。

　振り返ってみると、まじめで熱心な自分に変われたのには、いくつかの要因があったことがわかる。

　1．精神的にどん底に落ち込んでいた。潜在能力があると思っていてもそれを達成できない自分を、心から憎む段階にやっと到達した。

　2．徹底的な変革をする決心をした──劣等生からクラスのトップになる。

　3．学習習慣だけではなく、自分自身についての考え方も変える必要があると気づいた。なりたいと思う優等生に「ならなければ」、なれないだろう。

　4．最後になったが最も大切なこと：すぐに行動を起こした。変革するのに9月まで待たなかった。直ちに始め、高校時代の最後の数カ月間に成功の

ための準備をした。

　守れなかった決心をしたことはあるか？
　かなえられなかった成功や幸福の夢を持ち続けているだろうか？
　どれだけ多くを成し遂げても、自分はある意味まだまだ落ちこぼれだと感じることはあるだろうか？
　もしそうなら、よい知らせがある。過去の行為はあなたのこれからの努力の習慣になんの関係もない。**努力の方法を変えられれば──たとえほんの少しでも──、生き方を変えることができる！**

　これを読んでいるほとんどの人が、こう思うだろう。「やる気を起こさせるスピーチはもうたくさん。運を変えたいんだ」と。
　私の人生が変わったことに、「運は何の関係もなかった」と言っておく。そして、**あなたが人生で起こしたいと思う変化がなんであれ、その変化に運がかかわる必要は一切ない。**
　もし私が「運が来る」のを待っていたら、今でもまだ待っているかもしれない。**自分自身に耐えかねて、自分の成功のためのプランづくりを始めたときに、私の人生は変わったのだ。**

　あなたがもし次のことに当てはまるなら、あなたも人生を変えられる。
□今まで成功が得られなかったことに不満を抱いている。
□大変革を起こしたい──単なる少しの調整ではなく。
□異なる方法で努力を始め、自分を違う種類の人と考えるようになる覚悟がある。
□成功の準備をし、今すぐスタートさせる意欲がある。

PART 1　充実した人生のためのマスタープラン

成功するための方法で
人生を劇的に変える

　あなたに課題を出す。ニューヨークからラスベガスまでのカーレース。一定の時間内にゴールできれば、数百万ドルとまったく新しいよりよいライフタイルを手に入れられる。

　面白そう？　それはよかった。

　ただし、問題がある。あなたはラスベガスまでの行き方がわからない。

　カウントダウンはもう始まっている。数分後には、数百台ものほかの車が鋭い音を立ててスタートしていく。あなたはどうすべきか？

　町に出て地図を買う？　車にナビゲーション・システムをつける？　それとも、合図と同時にほかの人と一緒にスタートし、人の後をついて、尋ねながら道を探す？

　用心深い人々は、ナビを取りつけてスタートを遅らせるだろう——これでは勝つチャンスが大幅に減ってしまう。成功する人なら、常識と利口さを同時に使うだろう——初めはほかの人たちと同じペースで走り、その後、途中のガソリンスタンドで道を尋ね、可能な限り最速のルートをとっていることを確かめる。

　人生を向上させることは、全国横断自動車レースに参加することに少し似ている。スタートするまで長く待ちすぎれば、完走できるチャンスは少なくなる。もしまったく何の計画もなく走り始めたとしたら、途中で迷ってしまう可能性がある。

　（かろうじてCをとれる程度の努力しかしなかった高校生活を終えて）大学で優等生になる決意をしたとき、私はすぐさまそれにとりかかった。私にはプランがあった。そしてそれは、私よりも前の数え切れないくらいの優等生によって有効性が実証済みのプランだった。

　カリキュラムを研究する。どのコースに適性があるか見極める。優等生と

しての態度で講義に出席する──そして休む間もなく努力する。

　成功する準備ができているなら、あなたがすべきなのはそれだ。**すぐに始めること。ただし、ほかの人々によって十分効果があると証明された戦略を使わなければならない。**

『ウェブスターズ・カレッジエイト英英辞典』は、「マスタープラン」を、教会、学校、または都市建設などのプロジェクトにとって、全体的なガイダンスとなるものと定義している。マスタープランとは、不動産開発業者が更地を郊外分譲地、都市センター、ウォーターフロントのオフィス街につくり変えるために用いるものである。

　ワシントンD．C．は北米で最も美しく設計された都市の1つだが、かつては沼地だった。その沼地は、ピエール・シャルル・ランファンのマスタープランによって生まれ変わった。そして20世紀後半に荒れた農地の開発が行われたメリーランド州コロンビアは、今では9万6000人の人口を抱えている。

　私はマスタープランを使い、ニカラグアの太平洋岸にある3000エーカーの滞在型リゾート施設の再設計をした。30年に及ぶ不動産開発投資の経験から、私は大きなプロジェクトを始める前にマスタープランを用意することがいかに有益かを学んでいた。

今までにない自分を発見し、自分自身を変革することができない人々は、借り物の態度、受け売りのアイデア、傑出する代わりに埋もれてしまうことに満足していればいい。

　　　　　　　　　　　　　　　　　　　　　　　　──ウォレン・ベニス

ウェルチは
マスタープランを
企業経営に
応用した

　マスタープランは企業の立て直しのためにも使われる。ジャック・ウェルチは、ゼネラル・エレクトリックに対する彼のビジョンを明確に示し、実行するためにマスタープランを利用した。ウェルチは、その巨大企業を問題を抱え衰退しつつある10億ドル企業から業界トップのビジネスリーダーに変革するための鍵はマスタープランだと述べた。

　ウォーレン・バフェットと彼のパートナーがバークシャー・ハサウェイを史上最高の経済的成功を成し遂げた企業に、そして2人を億万長者にするために利用したのが、マスタープランなのだ。

　個人レベルでは、私はパートナーたちとマスタープランを使って十数を超える会社を数百万ドルの企業に成長させる手助けをした。その中には、11年の間に年商が10万ドルから1億3500万ドルになった企業や、14年間で800万ドルから3億2000万ドルになった企業もある。

マスタープランには必ず効果があるわけではない。旧ソ連や共産中国は、経済が徐々に崩壊していく間にも成長を予想し続けるマスタープランを持つことで知られていた。

　マスタープランが有効であるためには、現実的で柔軟性がなければならない。資源や能力について現実的でなければならず、状況いかんによっては調整、および／または大幅に変更する必要がある。

　正しく使えば、マスタープランは奇跡をかなえることができる。マスタープランは、砂漠を光り輝く都市に、債務だらけの企業を業績好調な企業に、そして万年落ちこぼれを健康で、金持ちで、幸福で、賢い人間に変えることができるのである。

　マスタープランを作成したプロジェクトは、普通のプランを立てたその領域のプロジェクトとは異なる。不動産プロジェクトであろうとビジネス開発であろうと、大がかりな試みのほとんどは、一度に1つの重要な部分ごとに、別々に設計される。変化を生み出すのにそのやり方は間違っていないが、時間、資源、および資金のムダを伴う。個々のさまざまな設計を集めると、必ずギャップ、重複、そして不備が生じる。

　プロジェクトのマスタープランをつくるとき、あなたはプロジェクトのあらゆる側面を把握している。造園、水道システム、建築、電気設備、配管。それらを一度に1つにまとめることで、統合した完成品を確保できる。また、調和しないものを調整するのに費やす時間や資金が減る。

あなた専用の
マスタープランをつくる

　あなた専用のマスタープランは、あなたが人生のゴールのすべてを迅速に、そしてトラブル、時間、および問題の発生を最小に抑えて達成するのに役立つ。マスタープランの使用は、あなたが自分自身を向上させることに真

剣で、CからAへの徹底的な改善を求めていることを意味する。あなたはBでは満足しないのだ。

　一人ひとりのマスタープランは、「今の自分（抱えている問題やうまくいかないことにうんざりしている）」と、「なろうと決めた自分（健康で、富に恵まれ、幸福で、賢い成功者）」との間の正式な契約である。個人のマスタープランは人生を改革するのに一役買うだろう。

　なぜならマスタープランは、あなたの漠然とした野心を具体的な目標に変えさせるからだ。マスタープランから、あなたは何を学ばなければならないか、何をしなければならないか、誰と一緒に仕事をしなければならないかを正確に、詳しく知ることができる。

　個人のマスタープランはあなたの夢を「課題」に変える。その過程では、ロマンスが少しばかり不足するかもしれない。けれど、進歩を感じてワクワクし、元気が出て、その分を取り返せるだろう。1週間が過ぎるたびに、非常に具体的な方法で、あなたは自分がいかに向上しているかを確かめることができる。そのため気持ちがとても高揚し、進歩を継続させることがもっと容易になる。

　ほとんどの人々は夢を実現させることができない。それは彼らがそれほど利口または賢明でないから、あるいはハッキリした目的意識がないからではなく、彼らは努力しても、その努力が小さすぎる、または方向を間違えているからなのだ。あなたはそんな問題に直面することはない。

　あなたはもう旅を始めた。そして、証明済みの地図を使うことになる。

　個人のマスタープランに従うことは、一生の間に多くの別々の刺激にやみくもに反応するより、実際にはもっとずっと簡単だ。マスタープランに効果があるのは、数百の小さい夢、ときには矛盾する夢や野心を減らして4つの根本的な人生のゴールにするからである。4つの主要なゴールに単純化することで、目標を追求し、実現させるのが400倍容易になるだろう。

私は人生を三度変革した。最初は1968年のことで、高校時代は劣等生だった私が大学で優等生になった。次は1984年、金持ちになろうと決心したときだ。そして３回目は、日刊メールマガジン「アーリー・トゥ・ライズ（ETR）」のために個人向けのマスタープランを策定し、使い始めた2000年だった。

　どのケースでも、変化は大きく、満足のいく代償が得られた。成功するためのマスタープランをつくり始めると、向上がもっと速く、もっと容易になった。そのときつくったのが個人向けのマスタープランでなかったら、十数冊の本を書いて出版することはできなかったと思う。台本を書き、監督し、長編映画をつくることもできなかった。ましてや年に350もの詩を書くなどムリだっただろう──これらはすべて「本職」のかたわらに、私が成し遂げたことなのだ。

　個人のマスタープランを用いれば、あなたは新しい軌道に乗れるだろう。すべて準備万端整えるには数週間かかるかもしれない。その後すぐにあなたは自分の進歩に気づき始める。そして間もなく（確実に２カ月以内）、あなたは自分がいかに多くを成し遂げたかに驚く。最後に、あなたは何年も夢見てきたプロジェクトを実行しているだろう（そして実際に完了している！）。

　目標を次々に達成していくにつれ、あなたは自信を深め、スキルを強化し、富を構築し、人生の楽しみが増えていくのを感じることだろう。

　この１年はあなたにとって、とてもよい年になる。奇跡的変革の年だ！

一番の夢を現実のものに変えるには

PART 2

ゴールを決めるか？それとも夢を見続けるか？

　私たちは誰もが夢を見る。「人生がこんなにうまくいけばいい」と思うような映画のような夢を、何本も見たことだろう。

　サリーの夢は、プールつきの大邸宅に住むこと、ハリーの夢は、ビンテージものの８台のポルシェでガレージをいっぱいにすること。ジルは、海辺で絵を描く生活を夢見ているし、ジャックは、眺めのよい重役室で仕事をしたいと思っている。

　とは言うものの、サリーやハリーやジルやジャックの夢が現実のものになることはまずあり得ない。いつまでも、心の中の映画館で自分だけの夢を映し続けるか、友人や家族に自分の夢を打ち明けるか。それが精いっぱいだろう。

　夢がかなわないからと言って、必ずしも悲観することはない。夢の生活を思い描きながら、幸せそのもので実生活を送っている人は大勢いる。

　問題は、空想と現実との間のギャップのせいで、自分は不幸だと思って、

ふさぎこんでしまうことなのだ。このようなときこそ、新しい生活のためのマスタープランを立てよう。その第1段階は、ゴールを決めることだ。

ゴールと夢との間には、次に挙げる4つの違いがある

1. 具体的か
   金持ちになりたいというのは夢。400万ドル稼ぎたいというのがゴール。
2. 実行可能か
   宝くじに当たるのは夢。徒競走で勝つのがゴール。
3. 時間を意識しているか
   400万ドルの純資産をつくるというのはゴール。5年後には純資産を400万ドルにするというのは、よりよいゴール。
4. 現実的か
   5年後には純資産を400万ドルにするというのは合理的だが、4カ月で純資産を400万ドルにするのは無理。

ゴールは目標とも違う。ゴールというのは長期的なものであり、対象範囲も広い。

マスタープランを立てるときには、7年後と1年後のゴール、毎月と毎週の目標というふうに細かく分けていき、最終的には、中期的な目標と、長期的なゴールを達成するための毎日の課題を決める。

7年後のゴール：7年後には純資産を400万ドルにする。
1年後のゴール：負債を3万6000ドル減らす。
今月の目標：年収3万6000ドルの非常勤の職に就く。
1週目の目標：年収3万6000ドルの非常勤の職に就く。
1日目の課題：「私の夢の仕事」トップ10の会社のＣＥＯ宛てに手紙を書く。

さぁ、これでプランの完成だ。今日から始めて、毎日の課題に取り組もう。**毎日の課題は毎週の目標の土台となり、順番に毎月の目標、毎年のゴール、7年後のゴールを支える**ものになる。これらはすべて、きちんとこなしていく。そして、すべてを書き留めておくように。
　ここで疑問に思う人もいるだろう。
「本当に具体的なゴールでなければいけないのだろうか？　いちいち書き留めておかなくても問題ないのではないか？」
　その疑問にお答えしよう。

なぜゴールを「書き留める」のか？

　自分のゴールを書き留めておくことはとても重要だ。**頭の中で考えているだけでは、不十分**なのだ。トム・ベイの『Look within or Do Without（自分を見つめて行動しよう）』に書いてあった話を紹介すれば、このことがよくわかってもらえるだろう。
　ベイによれば、ハーバード・ビジネス・スクールが、卒業生の10年後の経済状態に関する調査を行ったところ、次のような結果になったそうだ。

・27％もの卒業生が、経済的な援助を必要としている。
・実に60％の卒業生が、収入ギリギリの生活をしている。
・快適な生活を送っている卒業生は、わずか10％しかいない。
・経済的に自立している卒業生は、たった3％しかいない。

　この調査では、卒業生がゴールを決めていたかどうかについても調べているが、ここで興味深い相関関係が浮かび上がってきた。

・経済的な援助を必要としている27％の卒業生は、自分の将来のゴールを

まったく決めていなかった。
・収入ギリギリの生活をしている60％の卒業生は、生活していくうえでの基本的なゴールしか決めていなかった（どうやって生活をやりくりするかなど）。
・快適な生活を送っている10％の卒業生は、全体的なゴールを決めていた。5年後の自分の姿については、イメージすることができていた。
・経済的に自立している３％の卒業生は、自分のゴールと、そこに到達するのに必要なステップを書き留めていた。

　経済的に自立していた卒業生たちは、自分のゴールを決めるだけではなく、書き留めておいたからこそ、これほど見事な成果が得られたのだ。

　　人生の大部分は、夢、つまり無意識のもので成り立っていますが、そこから行動に結びつけなければなりません。夢は織り合わせていかなければならないのです。

　　　　　　　　　　　　　　　　　　　　　　　　——アナイス・ニン

　さらに証拠を紹介しよう。
　DayTimer.com の最新の研究により、高収入を得て、仕事面でも素晴らしい成功を収めているアメリカ人は、自分のゴールを書き留めていることがわかっている。こうした**優秀な人々は、自分のゴールに到達するために、優先順位をつけながら、毎日の課題を書き溜めておく習慣が身についている。**
　対照的に、70％の人々は、自分のキャリアや経済状態に関するゴールを決めたことがない。毎日すべきことを決めて、きちんとこなしている人は、わずか９％しかいないという。
　ゴールを書き留めることが、心理面だけでなく、身体面においても支えとなる可能性があることも証明されている。行動学者のリチャード・モルデン

とスティーヴン・スウェイヴリーは、2004年度白書「The Psychology of Top Performers（成功者たちの心理学）」の中で次のように述べている。

　行動計画を書き留めることで、そこに到達するための計画が明確になってくる。また、時系列にまとめることで、進捗状況を追えるようになる。これらを実践すれば、事象、機会、行動に対する意識が高まり、自分が定めたゴールに近づけるようなるのである。
　ゴールを書き留めることが、脳のある特定の神経に影響を及ぼし、意識のレベルが高まるという証拠も示されている。

　この分野に関しては、ほかにも研究が行われている。『サイコロジー・トゥデイ』（1996年12月号）に載っていた記事には、具体的なゴールを決めることの効力について書いてあった。

　ヴァージニア工科大学では、女子学生56人を対象にして、90秒間でできるだけ多く腹筋運動をさせるという実験が行われた。1つのグループは「できるだけ多く」とだけ言われ、4日間の調査期間中で一日の平均が43回だった。一方ほかのグループは、セッションごとに連続して回数を増やしていけるように、具体的な回数を指示された。その結果、実験最終日には平均56回と、はるかによい結果が得られた。

　調査結果も重要だが、実体験は何よりの証拠になるだろう。
　私自身、17歳になるまで、「成功したい」と夢ばかり見ていた。そのくせ、何も行動しなかった。それで、大学に入学したのをきっかけに、自分を変えようと決心した。
　一生懸命勉強に励んだおかげで、オールＡの優等生になれた。それから22年後、ゴールを決めることを発見し、さらに3年経って、私は百万長者になった。1999年に「アーリー・トゥ・ライズ（ＥＴＲ）」の執筆を始めたとき、自分のゴールに優先順位をつける方法を身につけた。そのおかげで、最

初に抱いた最も大切な夢、著述家として有名になるという夢をかなえられた。

　言うまでもなく、「ETR」の運営においても、私は長期的なゴールと中期的な目標を定めていた。そのおかげで、私たちの収益は、7年間でゼロから2500万ドルになった。この成功を足がかりにして、数年後、今度は5000万ドルを上回るところまで成長を遂げるだろう。ビジネスを成長させるためにマスタープランを使い、素晴らしい結果を得ることができた。さらに喜ばしいのは、ETRの社員たちが、生活を改善するために、自分でマスタープランを立てるようになったことである。

　たとえば、電話の取り次ぎが仕事だったある社員は、マスタープランのおかげで、数年後には管理職にまで昇進した。今や会社に大きな利益をもたらす仕事をしてくれている。そのほか、減量と健康増進のためにマスタープランを使った社員たちの中には、適度な食事と運動によって、14キログラムも体重を減らすことができた人や、深刻な健康の問題を克服できた人がいる。

　このような素晴らしい成果が得られたのも、**富や健康を夢見ているだけだった人たちが、具体的で実行可能な、時間を意識した現実的なゴールを目指すことに、自分の時間を使うようになったからだ**。

　人は、一生夢ばかり見ることもできる。夢というものは素晴らしいものだが、それでも捨て去らなければいけない。**自分の夢を実現したいのだったら、夢をゴールへと変えていかなければならない**のだ。あなたがずっと抱いてきた途方もない夢は何だろうか？

　それを具体的なものにするにはどうすればいいか？
　実行可能にするには？
　時間制限を決めるには？
　どうすれば現実的なものにできるだろうか？
　これらの質問から、目指すべきゴールが生み出され、行動を起こせるようになる。そして数年後のあなたは、夢を実現していることだろう。

PART 2　一番の夢を現実のものに変えるには　　47

ことばの使い方で人生は変わる!

　ことばは重要だ。ことばによって、人は何かの意味を表す。何かを考えるときにはことばを使う。学ぶときも同じだ。

　ことばは、コミュニケーションの基本となる道具である。**ことばを上手に使う人は、自分の考えを削っては磨き、きちんと整った形で表すことができる。**ことばの使い方がいいかげんだと、知性のほどを疑われることにもなりかねない。

　ことばがあるから、われわれはうまく考えをまとめることができる。**うまく考えがまとまれば、適切なプランが立てられる。プランが適切であれば、ものごとは順調に進む。ものごとが順調に進んでいけば、達成できないことなどほとんどない**はずだ。

　達成について、それから、達成という概念に関係してよく出てくる、夢、ゴール、目標、仕事、課題ということばについて考えてみよう。いいかげん

に考えてしまうと、これらのことばにはたいして違いがないように思えるが、自分の人生をできる限り有意義に生きたいと考える人は、それこそ天地ほどもかけ離れているように、違いがわかっている。

　まず、この５つのことばの辞書的な意味を挙げていく。

・夢（dream）

『ウェブスター英英辞典』で、「dream」の主な同義語として挙げられているのは「fantasy（空想）」「nightmare（悪夢）」「apparition（幻影）」「hallucination（幻覚）」「illusion（錯覚）」など。また、対義語は、「reality（現実）」「真理（verity）」「真実（truth）」。

・ゴール（goal）

「goal」の同義語は、「purpose（目的）」「aim（目的）」「intent（意図）」など。「夢」と「ゴール」の違いがわかるだろうか。同じ意味で使われることもあるし、そうでないときもある。**「夢」というのは本質的には非現実的なもの**で、どうかすると妄想的な場合もあるかもしれないが、「ゴール」は違う。

・目標（objective）

『ウェブスター英英辞典』によれば、「objective」は「goal」と同じ意味とされており、同義語にも「aim」「aspiration（大望）」「purpose」と同じものが挙げられている。「goal」と「objective」の２つのことばの間には、２つの内包的な違いがあると私は思う。１つは時間的な違いで、ゴールは、目標よりも長期的な期間を表すものである。もう１つは対象範囲の違いで、ゴールは、目標よりも対象範囲が広くなっている。

・仕事（job）

　このことばは、これまでに出てきた３つのどのことばともまったく異なっている。「仕事」は、状況、役職、場所、地位、職位、事業、職業、経歴によって定義される。また生活のために、または決められた時間に働くことを意味している。ゴールや目標とは、ほとんど関係がない。ゴールを決めなくとも仕事はできるし、仕事とは関係なくゴールを決めることも可能である。

・課題（task）

「課題」は、「仕事」よりも小さなもので、対象範囲や時間的な長さが違っている。課題は、芝生の手入れや段落の編集といった、しなければならない特定のことを表し、初めから終わりまで、決められた時間と場所の範囲内に収まる。課題には繰り返し行われるものもあり、場合によっては永遠に続くこともあるが、ここで取り上げる課題は、ごく短いものに限られる。「仕事」と「課題」が同じような意味で使われることもあるが、ここでは、まったく別のことばとして取り扱っていく。

さて、自分のマスタープランを立てるためのことばについて詳しく見てきたが、使い方の違いがわかっただろうか？

成功するために必要な5つの言葉

マスタープランを立てるに当たって、目指すべきゴールを明確に決める方法について考えよう。この5つのことばを区別して使うことにより、重要なことに重点をおきやすくなるだろう。わかりやすくいえば、こういうことである。

夢

夢に基づいてマスタープランを立ててはいけない。定義にも書いてあったように、夢というのは、空想や妄想と同じことである。夢を追い求めるのは、小学4年生が楽しみでやっているうちはいいが、責任ある大人には、そんな暇はない。

大人がすべきなのは、困難ではあっても現実的なゴールを追い求めることだ。だから、これからは「夢」ということばを口にしないことにしよう。夢を追いかけるのは時間のムダである。追い求めなければいけないのはゴールなのだ。

ゴール

　前のほうでも述べたが、ゴールとは、具体的で実行可能な、時間を意識した現実的なものである。「現実的になれ」と言われても、とてつもなく高い願望を抱いてはいけないというわけではない。

　ただ、合理的な範囲を超えるようなことは、あってはならない。3年以内に宝くじで100万ドル当てたいと願うのはかまわないが、そのための合理的な方法などありはしない。宝くじに100万ドル注ぎ込もうというなら、話は別だが。

目標

　辞書を調べてみても、ゴールと目標の間には、はっきりとした区別が書かれていなかった。マスタープランを立てる助けになるように、私から1つ違いを示しておこう。**目標とは、ゴールよりも具体的で、そこに至るまでの期間も短いもの**だと、私は思っている。

仕事

　仕事とは、今まさにしていることである。私が言っているとおり、今している仕事と1年後にしている仕事との間にはなんの関係もない。ましてや、7年後のこととは関係あるはずもない。**マスタープランを実践するとは、自分で自分の未来をコントロールするということだ。**

　仕事にかかずらっていると、他人にその役目を委ねてしまうことになる。これは、今から目指そうとすることとは違う。だから**「仕事」も「夢」と一緒に心のゴミ箱に捨ててしまおう**。仕事は、一時的に必要なだけで、なんの役にも立たないものだ。いつかは「経歴」に書き加えられる程度のものでしかないのである。

課題

　課題とは、大きなプロセスの中に含まれ、時間の制限がある、具体的な仕

事のことである。新たな人生のマスタープランを立てていくとき、課題はゴールや目標と区別していこう。**課題とは、目標よりも具体的で、もっと期間が短いものだ。**

これからマスタープランの話をするときには、次の３つのことばを使うようにしよう。

1．「ゴール」とは、長期にわたる、幅広い願望を表す。
2．「目標」とは、より具体的で中期的な願望を表す。
3．「課題」とは、中期的な目標を達成するために必要なごく短期間の行動を表す。

夢を追い求めるのは妄想と同じ

　ことばの意味にこだわりすぎだと思わないでもらいたい。「ゴール」「目標」「課題」の３つは、ことばの意味以上に重要である。自分の生活を改善するのに役立つ、ささやかな道具なのだ。
　今日のところは、ちょっと考えてみてほしい。**自分は今どんな仕事をしているのか、ゴールを決めるにはどうすればいいのか、そして、そのゴールに到達するためには、毎年、毎月、毎週、毎日、何をしていけばいいのか。**

　これまでの人生、夢ばかり追い求めてこなかっただろうか？　決して実現しそうにない空想の世界に浸っていたりしなかったか？
　一生かけて追い求める、確かなゴールがあるのなら、そのゴールを、もっと短い期間で達成できそうなものに変えてみただろうか？　数年で到達できそうなゴールはあるか？　あるいは、もっと簡単な、新年の誓いを立てているだろうか？（もちろん私は、毎年誓いを立てている。もっとも、誓いの

ほとんどは、長期的なゴールを目指すための、1年後の目標だが)

　毎年のゴールを書き留めているだろうか？　そうでない人には、ぜひ書き留めておこうという気にさせるデータを用意してある。
　毎年の目標を書き留めている人なら、さらにそれに基づいて毎月、毎週の目標を立てているだろうか？　そうしていない人には、目標を立てたほうがいい理由をお教えしたいと思う。
　そして最後に、自分がやり遂げるべき課題を、一日最低15分かけてきちんと決めているだろうか？　優先順位や期限を決めているだろうか？　課題を続けていくための方法を持っているだろうか？

　そこまではしていないという人でも、心配はいらない。私たちは、今日から人生を一変させ、まったく新しい生活を送れるようにするためのあらゆるノウハウをそろえているのだから。

自分のコア・バリューは何かを知る

　いきなり人生のマスタープランづくりにとりかかる前に、あと1つすべきことがある。それは、**自分にとって本当に重要なものが何であるかを知ること**だ。
　街で見かける人たちは、たいてい自分の仕事を嫌っている。家族との生活がうまくいっていないと感じ、もっと金が欲しいと願っている。何かが起こりさえすれば、人生がもっとよくなると思い込んでいるのである。

　宝くじが当たれば、万事うまくいく。少なくともそう思っているが、現実はそうではない。自分のコア・バリューに従って生きているのでなければ、どんな成功を手にしようとも、心が晴れるということはあり得ない。

だから、ゴールを決める前に、時間を割いて自分の「コア・バリュー」を知る必要がある。ここでいうコア・バリューとは何のことだろうか？　私の**考えるコア・バリューとは、人の心の奥底にある、善悪を判断する感覚のことである。**

　ゴールを決めることと、コア・バリューを知ることとの間にはどんな関係があるのだろうか？　長く続く幸福のためには、そのどちらも欠かせない。自分のコア・バリューに反するゴールを決めてしまった人は、毎朝目を覚まして、こう考える。
「自分がしたいと思っていたことは全部やってきた。だが、それがどうだというんだ？」
　これからさらに素晴らしい成功を収めたとしても、心の底では「みじめな思いをしている」などという結末はゴメンだろう。だがこんな話はよくあることで、陳腐と言ってもいいくらいだ。それでは、決してこんなことにならないための方法をお教えしよう。

　まず、葬式のことを想像してみよう。会場はきちんと整った部屋だ。友人や家族が集まって故人を偲んでいる。
　よく見回してみると、自分の知った顔ばかりだ。「誰の葬式なんだろう？」と思って、棺をのぞき込んでみると、横たわっているのはなんと自分ではないか！
　さて、自分の葬式に集まった人々に、自分のどんな話をしてもらいたいだろうか？
　具体的な人のことを考えてみよう。親、兄弟姉妹、隣の人、仕事仲間、全然知らない人だってかまわない。はっきりとその人のことを思い浮かべてもらいたい。現実にいる人として思い浮かべ、具体的にどんな話をするかを想像してほしい。
　甥の1人がこんなことを言ったとする。
「おばさんは、気前のよい人だったなあ」

これだけでは不十分だ。なぜそんなことを言うのか、理由を続けてみよう。たとえば、「誕生日にはいつも高価なプレゼントをくれた」というふうに。
　ぜひ正直になろう。格好をつけずに、ありのままをことばにするのだ。たとえば、隣の人は、「とても身勝手な人だったね。自分の犬がうちの芝生で用を足しても、後始末したことなんかなかったよ」なんてことを言うかもしれない。

> 幸福とは、自分の価値観が達成されたときに生まれる意識の状態のことである。
> ——アイン・ランド

　葬儀に参列する人たちはどんな本音を漏らすだろうか、あらゆることばを想像してみよう。そのことばを耳にしたときに、どんな気持ちになるか考えてみよう。もし嫌な気分になったとしたら、少なくともその人との間柄では、自分のコア・バリューに従った生き方をしていなかったということだ。
　さて、そうやって思いつく限りの耳の痛いことばを思い浮かべたら、今度はその人たちに、自分のことをどんなふうに言ってもらいたいか自分に問いかけてみよう。この疑問に答えていくことで、具体的な関係の中での自分のコア・バリューが明らかにされるのである。

なぜほとんどの人は挫折してしまうのか?

　この練習では、10個くらいの文をつくることを目指している。それぞれの文に、生活の中の特定の場面で自分が重要だと思うことを表現してみよう。
　誰かが「あいつはいつも自分の目的を達成するのにあくせくしていた」と

言ったとする。こんなことを言われたら、きっと気分が悪いだろう。

　今度は「この人にどんなふうに言ってもらいたいか」を考えてみる。たとえば、「あくせくしていたこともあったが、その後は何もかもが変わった。見事な成功を収め、裕福に暮らしながら亡くなったんだ」というのはどうだろう。

　このことばで、気分が晴れたとすれば、富を手にすることは自分のコア・バリューであるといって問題がないということである。そうしたら、こう書き留めておく。

「金銭的な成功は、やり遂げる価値のある、称賛すべきことである」

　おわかりだろうか？

・否定的なことば
「あいつはいつも、自分の目的を達成するのにあくせくしていた」
・肯定的なことば
「あくせくしていたこともあったが、その後は何もかもが変わった。見事な成功を収め、裕福に暮らしながら亡くなったんだ」
・コア・バリュー
「金銭的な成功は、やり遂げる価値のある、称賛すべきことである」

　このような文を10個くらいつくってみることをお勧めしたい。そうすれば、次のような、人生で遭遇する主な局面に対処することができるだろう。

```
健康に関する価値
富に関する価値
自己改善（性格）に関する価値
社会的な幸福に関する価値
```

　なぜか？

なぜなら、自分のゴールは**コア・バリューによって決められる**からである。そして**ゴールとは、大局的でなければならない**のである。
　たいていのゴール設定プログラムでは、大局的なゴールを決めようとはしない。その代わりに、たった1つのことだけに集中しようとする。金を稼ぐとか、体重を減らすとか、幸福になるとか（幸福の意味するところは問わない）。このようなゴールを決めておくのが効果的なのは、ゴールに集中するためにスケジュールの調整ができるときである。

　たいていの人は柔軟に対処できなくなり、問題に突き当たってしまう。最初のうちは熱心に取り組んでいるから、しばらくは進歩が見られるだろう。
　ほどなくして、**普段の生活でいろいろな緊急事態が発生して、予定が狂ってくる。よい習慣は忘れ去られ、悪い習慣が蘇ってくるのだ。そしてあっという間に、ゴールをあきらめることになってしまう。**
　このようなよくある問題を回避するためには、自分の生活をさまざまな角度から見つめ直すのがよい。健康や富のことだけでなく、趣味、人間関係、社会的な義務のことまで、いろいろな面を考えてみよう。

　そこで、この方法に取り組んでもらいたい。
1．紙を用意して、十字に線を引いて4つに区切る。
2．4つに区切られた部分の上のほうに、それぞれ、健康、富、自己改革、社会的な幸福と書く。
3．それぞれのタイトルに合わせて、自分の葬式で自分について言ってもらいたいことを書き込んでいく。

|健康|
・あんなに元気な80歳は見たことがなかった。
・1マイルを8分で走れただろう。
・バンパーに手をかけて車を持ち上げるところを見たことがある。

［富］
・1972年にリバーデイル・ハイスクールを卒業した中で、一番の大金持ちになった。
・ラグナ・ビーチに大邸宅を構えていた。
・亡くなってから慈善団体に400万ドルも寄付したそうだ。

［自己改革］
・チェスの腕前は最高だった。
・自分の詩を出版したこともある。
・家の装飾にかけては、マーサ・スチュワートの上を行っていた。

［社会的な幸福］
・世界一家族思いの母親だった。
・友人に対してとても気前のよい人だった。
・乳ガン治療の研究を熱心に支援していた。

　このような文を4つのカテゴリーに、少なくとも2個ずつは書き込んでいこう。書き留めることには2つの目的がある。1つは、自分の記憶にしっかりと刻みつけること、もう1つは、後で見直しができるように具体的な内容として残しておくことだ。
　これらのコア・バリューを、これから何度も読み返していくようにしよう。きっといつでもインスピレーションの源になるはずだ。そして大切に取り扱ってほしい。マスタープランを立てるうえで、とても重要なものだから……。

図1 葬式で言ってもらいたいことば

健康	富
自己改革	社会的な幸福

7年後の
ゴールと
それより前の
目標を決める

　コア・バリューを考えつく方法をマスターすることができたと思う。**コア・バリューは、人生で遭遇する主な局面で、常に善悪を判断するための基本となる信念**である。今度は、コア・バリューを長期的なゴールに変えていくことにしよう。

　長期的なゴールというとき、それは「7年後のゴール」のことを意味している。なぜ7年後なのか？　それは、仕事をやり遂げるのには十分の長さがあるし、手が届きそうにもないゴールもそれほど遠くないとわかるからだ。

　この魔法の数字については、『Seven Years to Seven Figures（7年で100万ドルを手にする方法）』や『Automatic Wealth（自動的な富）』にも書いたことがある。7年は、事業について話をするときにはよく登場する数字である。よく経済学者は、マクロ経済学的な変化は7年ごとに訪れるという。ビジネスにおける浮き沈みも、株価の変動も、農業や自然のサイクルでさえ

も、同じ7年の間に巡ってくる。

　7年あれば、何百万ドルも動かすことができるビジネスを始められる。外国語をマスターするのには、7年もかからないだろう。どんな武術でも黒帯を授かるのには7年で十分だ。**7年で、もっと健康に、もっと豊かに、もっと賢くなることができる。**

　私の場合、7年でどんなゴールも達成できた。ビジネスの面でも、私生活の面でも。だから、誰でも7年の期間が必要だと思う。
　まずは7年後のことから始めよう。7年経って、したいと思っていたことをすべてやり遂げてしまったら、次の7年のためにマスタープランを立てればいい。
　7年後のゴールを決めるのは簡単である。自分の葬式のときのことばを思い出してみよう。あのことばから、自分が重要だと考えることを明らかにする。そして、そこからさらに、7年後に達成したいと思う具体的なゴールを決めるのである。
　たとえば、こんなふうに。

・葬儀でのことば
自分の知っている中では最高に頭のよい人の1人だった。
・コア・バリュー
頭のよさは、価値のある、称賛すべき特徴である。
・7年後のゴール
2017年7月1日までに、メンサ（訳注：人口上位2％の知能指数を持つ者が入会できる国際グループ）に入会する。

・葬儀でのことば
あんなに気前のよい人には会ったことがない。
・コア・バリュー
慈善活動は、価値のある、称賛すべき時間の使い方である。

・7年後のゴール
2017年6月15日までに、ガン基金に100万ドル寄付する。

・葬儀でのことば
高校の同期で一番の金持ちになった。
・コア・バリュー
金銭的な富は、価値のある、称賛すべきことである。
・7年後のゴール
2017年4月21日までに、純資産を350万ドルにする。

とても簡単だろう。
　ただし、ゴールを決めるときには、前に言った4つのルールは忘れないでほしい。ルールを守れば、成功のチャンスは大きく広がることだろう。

第1のルール

　ゴールは、できる限り具体的なものにする。金持ちになりたいというのは、一般的すぎる。「純資産を400万ドルにする」とすれば、具体的になる。

第2のルール

　ゴールは、実行可能なものでなければならない。宝くじに当たるというのは夢物語。徒競走で勝つのはゴールだ。

第3のルール

　ゴールは、時間を意識して立てるようにする。このことは前にも言ったとおりだが、7年を一区切りとしよう。今から7年後を目指して、ゴールを決める。「純資産を400万ドルにする」というのは、具体的なゴールではあるが、時間的なものが抜けている。「2017年7月1日までに、純資産を400万ドルにする」とすれば具体的だし、時間を意識したものにもなっている。

第4のルール

　ゴールは、現実的なものにする。「7年後に純資産を400万ドルにする」というのは、現実としてあり得そうなゴールだが、純資産を40億ドルにするのは現実離れしている。

　これが、今日すべきことの前半部分である。自分のコア・バリューに従って、7年後のゴールを決めよう。
　マスタープランを立てるときには、7年後のゴールをもとにする。このゴールを実現するためには、毎年、毎月、毎週の目標を立てなければならない。前に挙げた例を、もう一度見てみよう。

・7年後のゴール：7年後には純資産を400万ドルにする。
・1年後のゴール：負債を3万6000ドル減らす。
・今月の目標：年収3万6000ドルの非常勤の職に就く。
・1週目の目標：年収3万6000ドルの非常勤の職に就く。

　どういう仕組みになっているかおわかりだろうか？　それぞれの目標は、1つ前の目標に基づいたものになっている。極めてシンプルだ。
　ではやってみよう。7年後のゴールに基づいて1年後の目標を立て、それを書き留めておこう。
　それがすんだら、今度は最初の月の目標を立てる。それから毎週の目標だ。
　今日のところは、ここまでやれば十分だ。次に、私自身の毎日の課題シートのつくり方をお教えしよう。
　明日は、マスタープランにとりかかる第一日目となるのだ。

ゴールに到達するために課題リストを毎日つくる

　私は、一日の予定をいつも決めていたわけではなかった。これまでのキャリアを振り返ってみても、そんなことはまったくなかった。
　その代わりにゴールを書き留めて、後から何度も見直してみたものだ。ゴールは正しい道を指し示してくれる。私は、いつも行きつ戻りつするばかりだった。特別な理由があったわけでもないのに……。
　毎朝、オフィスまで車を走らせているとき、自分のゴールについて考えた。ゴールについて考えることは、モチベーションを高めることになるし、その日はどんな課題に取り組むべきか、具体的なアイデアがひらめくことも多い。そうやって思いついた課題を片端から片づけてやろうと思いながら、オフィスに足を踏み入れる。ところが、一日が終わってみると、手をつけられなかったものがたくさんあった。

　これはどうしたことだろう？　同じことがすぐにあなたの身にも降りか

かってくるだろう。机に向かうと、手紙が山積みになっている。留守番電話には、15件もメッセージが録音されている。コンピュータを立ち上げると、50通もの新着メールが届いている。こうなると、重要な課題は後回しだ。今すべきなのは、こうしたささいな緊急事態をすっかり「片づけてしまう」ことだと思ってしまう。

そうこうしているうちに、あっという間に一日は終わってしまう。目指すべき重要なゴールには、ただの一歩も近づくことができなかった。何かに取り組もうとしても、もうクタクタである。そして自分に言い聞かせるのだ。明日はもっとましだろうと。きっと身に覚えがあるのではないかと思う。

> 生産性というものは、偶然に達成できるものではない。自分を高め、周到に計画を練り、集中して取り組んだ結果である。
> ——ポール・J・マイヤー

たとえそうだとしても、悲観することはない。きっと誰もが同じ思いをしているはずだ。ほとんどの人は、そうやって毎日を過ごしている。自分の決めたゴールを目指している人だってそうなのだ。長い目で見れば、どんなことだって成し遂げられるのに、今日明日のこととなると、いつも行き詰まってしまう。

その日の計画を立てなくとも、成功を収めることは可能だ。とはいえ、それには長くてつらい仕事を大量に片づけていかなければならない。それはなぜか？

その日の計画を立てなければ、結局、自分のためではなく、他人のために働くことになってしまうのだ。自分の仕事に手をつけるよりも先に、他人からの要求に応えなければならない気になってくるだろう。

郵便物の整理、メッセージへの返事、メールの閲覧で一日が始まるとは、なんともバカげた話である。そうやって**毎朝待ち受けているものは、ゴール**

や大志とはまったく関係ないものばかりだ。「やってくれ」と頼まれるままに、他人のために働いているのにすぎないのだ。

　自分の魂の行き先を示し、未来をわが手にしたいなら、自分で時間を管理しなければならない。**自分で時間を管理するには、自分だけのためにつくった課題リストに従ってその日の計画を立ててしまうのが一番である。**
　前にも言ったとおり、決めたゴールを書き留めていくだけでも、多くのことを成し遂げるのに役立った。**毎日の課題リストでその日その日を管理するようになってから、生産性が４倍に増えた。**私がこれからお勧めするシステムを取り入れれば、きっと同じような成果が得られるだろう。

　私は何年間も、スタンダードといわれている管理システムをずいぶんと試してきたものだが、ついぞ満足することがなかった。今使っているシステムは、私自身が編み出した、よそではなかなか見られない素晴らしいものだ。
　まず、年の初めに、自分の立てたゴールを12カ月に割り当てる。このとき私は、「ゴールに到達するために、１月には何をしなければならないか。２月は、その次はどうだろうか」と自分に問いかけるようにしている。それから毎月の初めには、毎週の目標を立てる。そして、具体的な内容を持った、毎日の課題リストをつくる。
　これが私のやり方である。

毎日の課題リストはこうしてつくる

　私の一日は前の日から始まっている。つまり、**一日の課題リストは、前日の終わりにつくっている**のである。火曜のリストは、月曜の終わりにつくり、水曜のリストは、火曜の終わりにつくるのだ。
　まず、その日のリストの見直しから始める。どの課題が完了していて、ど

の課題が完了できなかったかを確認する。従って、**新しいリスト、つまり、翌日の課題リストは、終わっていない課題で始まる**ことになる。それから、その週の目標を見て、そのほかにつけ加えておきたい課題がないか確認する。

そして、受信箱を眺めて、中身の扱いを決める。そういうものは翌日の予定に入れることもあるが、ほとんどは、さらに後回しにされるか、ゴミ箱行きか、誰かほかの人に任せることになる。

スプレッドシートの列には、以下のような項目を設けてある。

・完了させる課題
・完了までの予定時間
・完了にかかった時間
・助手に任せた課題

たいていは、15分から１時間で完了する課題が20個くらいできることになる。

私はコンピュータで作業するのが好きだ。紙とペンを用意して、手書きでリストをつくりたいという人もいるだろうが、要は、楽しんでつくることである。

長い課題に取り組むと疲れ切ってしまうことが多いから、１時間を超えるような課題を設定することはめったにない。**数時間もかかるような課題が１つでもあるなら、それを細かく分けて、何日かかけて取り組むようにする。**

そうすれば、課題に取り組みやすくなるし、何よりそのほうがよい仕事ができる。課題をこなしていくためには、それ以上のエネルギーと、今後のための見直しや手直しをする時間が必要になるからである。

１時間の課題が２、３個、30分の課題が３、４個、15分の課題が10個くらいあるのが、私の典型的な一日だ。この数は人によっても違うが、私には

このバランスがいい。柔軟な対応ができる。そうすると、自分の一日のエネルギーレベルを課題リストに合わせられるようになるのである。

　重要な課題すべてと、その次に重要な課題の大部分を、毎日のリストに入れるのが理想的だ。多くの課題をこなしたいと思うなら、長期的なゴールも、可能な限り早く達成できてしまうだろう。そして、一日の終わりに、自分に満足したいと思う気持ちを持つ。

　私自身そうだったが、このシステムを取り入れると、最初は熱心になりすぎて、自分で対処できないほどの多くの課題を予定に入れてしまう。**課題を書き留めるときには、こなすのにかかりそうな時間も見積もっておく。そして一日の終わりに、実際にかかった時間を書き込んで、もう一度チェックする。**

　課題がすんだら、リストから削除する。１つ完了！　さぁ、次だ！

　何年も続けているが、今でもそのたびごとに小躍りしてしまうくらいに楽しい。

　毎日の課題リストをつくるのに、15分はかからないと思う。**リストづくりの秘訣は、毎週の目標を立てておくことにある。**もちろん、毎週の目標は、毎月、毎年のゴールの上に成り立っている。

　このシステムが向いていないということもあるかもしれないが、一度は試してもらいたい。きっと気に入るだろう。

　仲間やライバルや仕事の同僚が朝のコーヒーをすすっているときに、あなたは、健康で、豊かで、賢くその日を過ごすために、その日にしなければならないことがすべてわかっている。何をすればいいか、何を優先させればいいかがわかる。あるいは、もう課題のいくつかについて考え始めているだろう。

　重要なことを忘れてしまう心配はない。あなたは、活力に満ちあふれ、ワクワクしていることだろう。その日が実り多い一日になるだろうと確信しているのだから……。

見過ごされがちなゴールに
向かって前進する

　ここまで読み進めてきて、もうおわかりだと思うが、新しい人生のマスタープランを立てるためには、自分のコア・バリューに合った長期的なゴールを決めることから始めなければならない。**出発点がしっかりと定まったら、毎年のゴールと毎月の目標を決める。それに基づいて、毎週の目標を立て、毎日の課題リストをつくる。**

　これをすべて行うのである。**本当に自分の人生を変えたいと思うならば、ものごとに優先順位をつける方法を覚える必要がある。**

　時間を管理するのではなく、優先順位をつけられるようになれ。

　　　　　　　　　　　　　　　　　　　　　——デニス・ウェイトリー

　私だって、いつでも優先順位をつけられるというわけではない。これまでのキャリアの大部分は、ゴールの決定と課題リストづくりに力を注ぎ、それで得られた結果に満足してきた。

　50歳になり、「ＥＴＲ」の執筆を始めたころから、自分のゴールを達成したほかのビジネスリーダーの話を読むようになった。そのときに、優先順位をつけることで、これほどまでに違いが生まれるのかと気づかされたのである。

　私にとって最も学ぶところが多かったのは、スティーブン・Ｒ・コヴィーの『７つの習慣』（キングベアー出版）である。この本を読んでいて、コヴィーが提唱する、優先順位をつけるテクニックにひどく感銘を受けた。すぐさま、私が計画を立てる際の大原則に取り入れたのである。

　コヴィーによれば、課題は次の４つのカテゴリーに分類できるという。

> 1．重要でも緊急でもない課題
> 2．重要ではないが緊急である課題
> 3．重要であり緊急である課題
> 4．重要だが緊急ではない課題

「重要でも緊急でもない課題」というのは、たとえば、こういうものである。
・オフィスの噂話に耳を傾ける。
・インターネットで個人の買い物をする。
・重要ではない電話の応対をする。
・重要ではないメールの返事を書く。

「重要ではないが緊急である課題」というのは、たとえば、こういうものである。
・しつこいセールスマンに電話をかけ直す。
・オフィスのパーティをギリギリまで準備する。
・自分のキャリアに関係ないが出る必要がある会議に出席する。
・重要ではないミーティングの予定を立てる。

「重要であり緊急である課題」というのは、たとえば、こういうものである。
・上司との重要な打ち合わせのためにギリギリまで準備する。
・大切な顧客にギリギリまで売り込みの電話をする。
・予期していなかった問題に対処する。

　最後に、「重要だが緊急ではない課題」というのは、たとえば、こういうものである。

・上手な文章の書き方を覚える。
・上手な話し方を覚える。
・ものごとを上手に考える方法を覚える。
・新しい小説を書く。
・健康のために減量する。

緊急課題を最優先してはいけない

　この４つのカテゴリーに課題を分類していくと、「重要でも緊急でもない課題」を優先してはいけないことがよくわかるだろう。確かにこれは、「まったくしなくてよい課題」である。時間のムダでしかない。
　ところが、このムダな課題に多くの時間をかけてしまう人は多い。それは、このような課題はすぐに片づくし、何も考えずに楽しくすませられるものだからだ。あるいは、失敗を恐れて、重要な課題に手をつけられないということもあるだろう。
　重要でも緊急でもない課題よりも始末に負えないのが、「重要ではないが緊急である課題に時間をとられること」である。このような課題は、危機的状況に陥るよりもずっと前に対処しておくべきものなのだ。
　重要ではない課題に多くの時間を注ぎ込んでいたら、それは深刻な問題だといえる。対処の仕方を変えないと、重要なゴールに到達することなど、とてもかなわなくなってしまう。

　それでは、どんな課題を最優先にすべきなのか？
　コヴィーは『７つの習慣』で、ほとんどの人は重要であり緊急である課題を最優先しているが、それは誤りだと言っている。「それは波のようなものだ」とコヴィーは言う。
　「とてつもなく大きく、人を打ちのめし、さらっていってしまう大波だ。た

とえしのぎきったとしても、また次の大波に打ちのめされ、地面に叩きつけられてしまうだろう」

　そして人々は、「来る日も来る日も、文字どおり、押し寄せる問題の波にもて遊ばれるばかりだ」と言っている。

　緊急の課題というものは、重要であろうとなかろうと、必ず問題を引き起こす元になる。**緊急になってしまうのは、今までなおざりにしてきたか、自分以外の人（上司など）にとって重要であるかの、いずれかの理由による。**

　どちらにしても、緊急の課題を、毎日の課題リストから締め出す方法を考えなければならない。これはつまり、仕事の習慣を変えることを意味する。よくあるのは、より効率的な方法を考え、雑用はほかの人に任せてしまう方法である。

　緊急の課題のために燃え尽きてしまうこともある。あるいは、不幸なワーカホリックに変えられてしまうこともある。**自分の人生を変えたいと願うのならば、重要だが緊急ではない課題を最優先しなければならない。**なぜなら、**そのような課題は、自分が第一に目指している、長期的なゴールへの到達を助けてくれる**からだ。

　とはいえ、それは簡単なことではない。重要だが緊急ではない課題が呼びかけてくる声は小さい。

　それに対して、緊急の課題からはまるで怒鳴りつけられているようだ。その重要だが物静かな課題をこなしていくための、簡単な４つのステップを紹介しよう。

図2 毎日の課題を4つに分類する

重要であり緊急である課題	重要だが緊急ではない課題
重要ではないが緊急である課題	重要でも緊急でもない課題

> ステップ1
> 　一日の予定を立てるときはコヴィーの４つのカテゴリーに従って、課題を「重要でも緊急でもないもの」「重要ではないが緊急であるもの」「重要であり緊急であるもの」「重要だが緊急ではないもの」に分類する。
>
> ↓
>
> ステップ2
> 　もちろん、緊急の課題はすべて片づけなければならない。少なくとも、自分のスケジュールをきちんと管理できるようになるくらいは片づける必要がある。それから、重要でも緊急でもない課題を捨ててしまう方法も必ず覚えよう。最後に、長期的なゴールへの近道となる、「重要だが緊急ではない課題」を１つ入れておくのを忘れないように。
>
> ↓
>
> ステップ3
> 「重要だが緊急ではない課題」をリストの中で目立つようにしておこう。これがその日の最優先課題になる。
>
> ↓
>
> ステップ4
> 　そのほかのことを始めてしまう前に、この課題からまず片づけてしまおう。

　最初は、重要だが緊急ではない課題から手をつけることに抵抗を覚えると思う。それには、このような理由がある。
・<u>緊急ではないから、重要ではないという気がするが、実は重要なのだ。</u>
・<u>ずっと先のゴールのための課題だから、なおざりにしがちである。</u>
・<u>なおざりにしがちなのは、重要ではないという気がするほかに、その課題に取り組むのに不安を感じているからかもしれない。</u>
・<u>不安を感じるのは、その課題が自分の生活を変えてしまうことを、心の奥</u>

底でわかっているからである。変化とは、たとえ好ましいものであっても、恐れを抱かせるものである。

一度この４つのステップが身につくと、すぐにあることに気がつくと思う。まず、とてもいい気分になっている。**先延ばしにしていたことを成し遂げることで、エネルギーがあふれ出てくる**。また、自分自身に対する疑いも消し去られる。疑う心が生じるのは、「絶対にたどり着けない」長期的なゴールのために費やす年月を考えるからなのだ。

さらにエネルギーと自信が湧いてきて、その日一日が充実したものになるだろう。こうなってくれば、そのほかの重要だが緊急ではない課題をこなしていくのがずっと容易になる。

何日かが経つうちに、自分が見過ごしてきたゴールに向かって大きく前進していることに気がつき、わずか２、３週間で多くのことを成し遂げた自分に驚かされる。**52週間後、つまり今からわずか１年後には、ずっと生産性の高い人間に、すっかり生まれ変わっている**だろう。

とにもかくにも１年は経っていく。時間はどうにでも使える。それならば、自分で自分のスケジュールを管理すればいいではないか。**自分自身のために、自分が最も重要だと思うことのために、時間を使えるようになろう**。

成功を追跡する「日記」のすすめ

実は、**日記はゴールを決めるための素晴らしい道具**である。自己中心的な時間の使い方のようではあるが、**日記をつけることで、自分の人生の方向性が見えてくるし、どの道を進むべきかもわかってくる**。

たとえば、ゴールの記録や修正、ゴールを目指す新たな決意表明などのために日記をつけていけば、後で何度でも読み返すことができる。**成功や意見**

や成果や問題解決のスキルや最善のアイデアを綴った航海日誌ができあがる。日記には、それほど重要ではないテーマを書き込んでも差し支えない。

　私も最初の数年間は、思い出したように日記をつけていたものだった。日記をつけるのは、たいていは旅行をしたり、面白いプロジェクトに参加したりしているときだった。アフリカのチャド大学で英語と哲学を教えていた2年間は日記をつけていた。夏の休暇をフランスの田舎とローマで過ごしたときにも、それぞれ日記をつけていた。
「ETR」の執筆を始めたときから、私は毎日日記をつけるようになった。それからずっと日記をつける習慣は続いている。
　以前は万年筆で日記をつけていたのだが、親指が関節炎を起こしたので、今はコンピュータを使っている。自分のことばを綴ることは楽しい。今ではもう描かないが、イラストを添えてみて、芸術家気分に浸ることもあった。イラストはインターネットからダウンロードすればいい。

　私は、日記を使って一日を始めることにしている。著述家として、毎朝、何も書かれていないページや画面に向かう。何か有名な言い回しがひらめくのを待つよりは、前の日の日記を読み返してみることにしている。それを、その日書く文章のきっかけにする。
　朝一番に、何時間も経った前の日に書いたことを読み返すことは、いささか強迫観念めいているかもしれない。何を食べたか、どんなエクササイズをしたか、どんな仕事をしたかなど。これは誰かに読んでもらうためのものではない（読まれでもしたら赤面ものだ）。だが、自分のだらけた気持ちを引き締め、手の指を馴らす役目を果たしてくれる。5分くらい読み返せば、いつもそれで十分である。

　次に、前日に書いた内容を手直しする。たいていは、詩やショートストーリーの手直しだが、「ETR」のためのエッセイに手を入れることもある。この作業には、精神をちょっと研ぎ澄ませる必要がある。30分も経つと、私

の創造力のギアがサードに入ってくる。

　こうなってから本格的な執筆活動にとりかかる。フィクションにせよノンフィクションにせよ、ここが私の一日の執筆活動の中の最も重要な部分である。

　私は日記に、自分の健康状態も記録するようにしている。体重や血糖値や病院の予約と診断結果などを、仕事や私生活におけるゴールへの進み具合と一緒に書き残している。
　以前私は、ゴールと目標と毎日の課題を、別のノートに書き留めていたが、この1年は、毎週の目標と毎日の課題を日記に書き加えるようにしてみた。これはなかなかいい具合だった。
　妹は、舞台や映画のアートディレクターの仕事をしているのだが、メールで現場の仕事を綴った日記のコピーを送ってきてくれた。日記は、妹の珍しい仕事ならではの写真やコメントで埋め尽くされていた。日記をコミュニケーションの道具として使うことは、ついぞ思いつかなかったが、妹のおかげで、日記を使って何ができるかを教わることができたのである。

　私にとって、**日記とは自分の家のようなもの**である。自分の人となりを示すような、興味深いもので埋め尽くされるものだと思う。
　プロの装飾家にデザインしてもらった家は好きではない。一歩中に入っても、どの家も代わり映えしないからだ。そんな家に住んでいる人と知り合いになっても、どんな性格の人なのかを知ることはできない。

　日記をつけることは、自分の人生を変える助けとなる。私が言ったとおり、**日記は、「よい仕事をし、ゴールを成し遂げ、友人や家族とコミュニケーションを図り、一日を活気づける」**のに役立つものである。かつて自分はどんな人間だったか、これまでの人生で何をしてきたのかの記録を残すのに、これほど素晴らしい方法はない。
　日記をつけている、あるいは、日記をつけようと考えている人のために、

日記を役立てる3つの方法をご紹介しよう。

日記を効果的に
活用する3つの方法

1 ゴールを目指して記録をつける。

　私は毎月、毎年のゴールと毎月の目標リストを確認し、新しく毎週の目標リストを作成する。前にも言ったことだが、一日の終わりに毎週の目標を確認して、翌日、その日の課題リストをつくるための参考にしている。毎年のゴールと毎月の目標は、また以前のように、手書きでノートに書き留めてある。毎週の目標と毎日の課題は、コンピュータ上の日記に直接入力するようにしている。

　毎日の課題リストの中で優先すべきことは黄色でハイライトして、その日の早いうちにすませてしまうようにしている。課題をすませるごとに、スクリーン上の文字色を赤から黒に変えていく（つまり、リストから削除したという意味だ）。

　このテクニックはお勧めしておきたい。重要なのは、**仕事を完了させたことに対して、自分にちょっとしたご褒美を与えること**である。

　一日の終わりには、どの課題が終了していて、どの課題には手をつけられなかったかがわかるだろう。また、課題を終わらせるのにどれだけ時間がかかったかもわかるだろう。こうすることで、将来のために注ぎ込む時間をうまく見積もることができるようになるのだ。

　日記をつけているとき、ゴールを決めることは最も生産的な部分を占めている。最高に楽しいことではないかもしれないが、長期的な計画を成功に導くためには欠かすことのできないものなのである。

2 創造性を働かせ、新鮮な気持ちで書く。

毎朝日記をつけることは、創造性を働かせる源になる。新しい製品やサービスのアイデアをメモしたり、チームへの連絡事項や同僚宛ての手紙の下書きをしたり、自分が書きたい本のちょっとしたあらすじを書き留めたりしよう。

3 学んだこと、読んだ本、考えたことの備忘録にする。
　私たちはときどき、素晴らしいアイデアをひらめくことがある。そのアイデアをどうすればいいだろうか？　紙切れに走り書きしておいたのに、なくしてしまったことはないだろうか？　今では私はアイデアをひらめいたら、いつでも日記に書き込んで、タイトルに「自分宛」と書き添え、黄色のマーカーで目立つようにしている。こうしておけば、すぐに見分けがつくから、忘れずにゴールのリストにつけ加えることができる（私が日記をつけ始める前に思いついた多くのアイデアは忘れてしまったが）。

　また、本に書いてあった興味深い事実や数字も記録しておく（私は、新聞や雑誌やビジネス書で目にした、役に立つ事実やアイデアを最低1つは書き留めるようにしている）。それから、読んだり聞いたりしたアドバイスのリストも日記の中につくっている。たとえば、お勧めのワイン、新刊書、お気に入りの歌手の新しいＣＤ、新規開店のレストラン、行ってみたいエキゾチックな旅行先などだ。
　面白いと思ったことを自分の日記に書き、将来役立てられるように、目立たせておく習慣が身につくと、こんなに多くの有益な情報が集められるものかと驚くことだろう。

　さて、日記をつけることの3つの利点を挙げてきたが、よい点はほかにもまだある。たとえば、日記をつけていれば、こんなこともできるようになる。
・次の（あるいは最初の）小説や脚本を書くときに使えるような、会話の断片を書き留めておく。

・自分が多くの報酬を受け取るのにふさわしいと思う理由（あるいは、会社が次のレイオフにとりかかったときに、自分を会社に残すのがふさわしいと思う理由）をリストにする。
・資産とその保管場所を書いておいて、もしものときに、配偶者や子どもたちが使えるようにする。
・お気に入りのレシピ、引用句、画像などのインデックスをつくる。
・自分がしたよい行いと、自分が授かった恩恵を書き留めておく。

　日記をつけるのに、毎日5分から30分くらいかかるだろうが、見返りのことを思えば、十分にその価値はある。日記をつけることは、時間をかけてよりよい計画を立て、さらに多くのことを成し遂げるために役立つものなのである。

　そして年をとったとき、日記をつけていたことで、思いがけない贈り物を受け取ることもあるだろう。豊かで実り多かった人生を振り返って、何時間でも楽しいときを過ごすことができるのである。

毎日を実りあるものにするために

PART 3

なぜ早起きすると稼げるようになるのか

　私の得意先である顧問クライアントのロンドンオフィスを初めて訪れたときのことだ。朝7時25分、事務所にはきっと誰も来ていないだろうと思っていたのだが、部屋の明かりがついていたので驚いた。一時私の事務所になる部屋に入っていくと、ベン、ニック、ゲイリー、ウディの4人がもう仕事にとりかかっていたのである。
「おはよう！」
　私は、フラタニティ（訳注：主に大学・大学院など高等教育の男子寮や学生のための社交団体のこと）に入会したような気になった。
「みんな、早いね！」
「早起きは三文の得ですからね」とニックが答えた。
　中に入るとき、笑みがこぼれた。この早起きの4人が、クリエイティヴチームの半分を占めている。この時間から働いているということは、9時になるまでに1時間半以上の仕事をしているということだ。私は感心した。そ

して、4人の雰囲気にもさらに感銘を受けた。

> ベッドのカーテンや部屋の壁などに「早起きしない者は、何も成し遂げられない」とでも書いておくのがよい
>
> ——ウィリアム・ピット

「ここでならよい仕事ができそうだ」と私は思った。

　こんな研究結果を目にしたことがあるだろう。**早起きをすれば、幸福で健康に暮らせるだけでなく、創造的な仕事もできる**と。4人はみな、健康そのもので、相当の収入をあげており、自分たちの生活にとても満足している。

　多くの人々から話を聞いてみると、早起きはよいことだという意見に対して、素直にうなずけると言っている。ところが、いざ実際にやってみようという段になると、気持ちや体がついてこなくなる。

　そういう人々は、自分のことを「夜型」の人間だという。元気が出てくるのは、朝の9時ではなくて、真夜中になってからなのだそうだ。実際、夜明けとともに寝床に入り、その日にするべき仕事がなくて、配偶者も放っておいてくれるなら、正午ごろまで眠っているという。

　夜型の生活が間違いというわけでもないことは、科学的に証明されている。ここ数年間にわたって、睡眠パターンに関する多くの調査が行われ、人によっては（約15％と書いてあった）、「遅く寝て遅く起きる」ほうが自然な生活だということが明らかにされた。

　とはいうものの、早起きがつらいからといって、早起きをしない理由にはならない。早起きをすることによって、無視してしまうにはあまりにも惜しいたくさんの恩恵を受けられるのである。たとえば、こんなことだ。

・より多くの仕事をこなせる。
・より重要な課題をこなせる。
・より早くキャリアアップできる。
・仕事の上で一目置かれる。
・収入が増える。
・エクササイズに多くの時間が割ける。
・より健康になる。
・より幸福になる。

早起きになるための画期的な方法

　早起きできるようにはなりたいものの、なかなか体が慣れてこないという人のために、12ステップのプログラムを次に紹介しよう。

早起きへのステップ1

　自分を責めない。昼まで寝ていたいと思うのは意志が弱いからではない。きっと、遺伝子とか、血糖値とか、ホルモンとか、もしかすると悪い習慣とかの要因が組み合わさっているためなのだ。遺伝子は別として、こうしたことは自分自身でコントロールできる。

↓

早起きへのステップ2

　夜、睡眠薬ではなく、メラトニンをとる。朝早く起きるためには、早く休まなければならない。よく寝られないときには、睡眠薬ではなく、メラトニンのサプリメントをとるようにしよう。私のかかりつけのアル・シアーズ博士は、このホルモンのことを、体を暗闇に反応させる働きがある「自然がつくった睡眠調整ホルモン」と呼んでいる。

↓

> 早起きへのステップ3

　真っ暗にして眠る。明かりが少ない場所ほど、メラトニンが自然に生成される。寝室にはできるだけ明かりが入らないようにする。遮光カーテンやシェードを使い、朝、目覚ましが鳴ったら、すぐに光を部屋に入れる。

↓

> 早起きへのステップ4

　部屋に新鮮な空気をたっぷり入れる。新鮮な空気は、よく眠るためにも、寝覚めをよくするためにも欠かせない。寝るときに窓を閉めているのなら、朝起きたらまず外に出て、深呼吸をしよう。

↓

> 早起きへのステップ5

　寝る前にものを食べない。夕食や夜食は、少なくとも寝る3時間前にすませるのがよい。そのほうがよく眠れるし、朝もすっきりと目が覚めるようになる。

↓

> 早起きへのステップ6

　目覚ましのスヌーズボタンを使わない。フィラデルフィア小児病院の睡眠障害センターによれば、最初に目覚ましが鳴ったときに起きたほうが、一度起きてからまた寝て、次に起きたときよりも寝覚めがよいそうだ。

↓

> 早起きへのステップ7

　寝室に花を飾る。ハーバード大学の研究によると、「夜型人間」でも、目を覚ましたときに部屋に花が活けてあると、幸福な気分になって、活力も湧いてくるそうである。

↓

> 早起きへのステップ8

　壁の色を明るくする。ある研究により、鮮やかな色によって細胞が活性化され、エネルギーが生成されることが明らかにされている。寝室の壁を明るく鮮やかな色にしよう。

↓
> 早起きへのステップ9

　ストレッチをする。日光を浴びながら、5分から15分のストレッチをすると、一晩の間にこわばった体が、みるみるうちにほぐれてくる。特にヨガは有効だ。

↓
> 早起きへのステップ10

　エクササイズをする。ストレッチに、さらにエクササイズも加えよう。私はストレッチが終わった後、健康体操（ヒンズープッシュアップ、腹筋運動など）や短距離走、階段を上ったり、PACEエクササイズ（訳注：アル・シアーズ博士考案のエクササイズ）をするようにしている。

↓
> 早起きへのステップ11

　毎朝微笑みの練習をする。顔を洗う前に、25回微笑んでみよう。鏡の前に立って、思い切りにっこりと25回笑うのだ。微笑むことで、体内にエンドルフィンがつくられて、体を動かすためのエネルギーが湧いてくる。

↓
> 早起きへのステップ12

　毎日1分ずつ早起きする。私は30代になるまで、早起きに価値があることに気づかなかった。そのころの私は、ことわざでいうところの、ベーコンを持ち帰るようになる、つまり、金を稼ぐコツを身につけるようになっていた。毎朝8時半に起きているようでは、ほかのゴールを達成する時間は残されていない。そこで私は、毎朝1分ずつ早く目覚ましをセットすることにしたのである。

　私はすぐに、8時に起きられるようになった。それから7時半、6時半、最終的には5時半に起きていたこともあった（最近は少し遅くなって、6時か6時半に起きる）。

　早起きをすれば、物語を書くことも、スペイン語の勉強をすることもでき

る。体は健康になるし、家族と過ごす時間も増える。**早起きできるようになれば、達成できないことは何もなくなる**ことだろう。

人生を一変させる
早起きの習慣

　個人的な生産性といえば、誰もが調子のよい日と、そうでもない日を経験する。

　調子がよい日は、とても重要な課題を達成できるので、よい気分になれる。調子が悪い日は、ゴールに向かって少しも前進できないので、気分が悪くなる。

　よりよい人生を送ろうと思うなら、調子のよい日が続くようにすることだ。それには、自分の決めた優先順位に従って、特に重要なことを最初にすませるように、毎日の予定を立てるのが一番である。

　簡単なことなのだが、ほとんどの人はそうしない。私の知人の80％——この中には、知性あふれる、熱心な仕事仲間も含まれているのだが——は、まったく逆の行動をとってしまう。

　こういう人たちは、毎日の計画を立てるときに、緊急の課題とそうでない課題とが混ざり合ってしまうものだ。もっと早くすませておくべきだった課題にギリギリまで時間をとられている。あるいは、自分のゴールをなおざりにして、ほかの人がゴールに到達する手伝いに勤しんでいる。

　最初にすべきことを最初にする。これは非常に簡単な規律である。こうすることで、改革に向けての、莫大な力が生み出される。文字どおり一夜にして、人生が一変することだってあるのだ。

　私の人生も一変した。それも、何度もだ。

　この驚くべきテクニックを使って、10冊以上の本を書き、レコードを制作

し、台本を書き、長編映画の監督をすることができた。また去年は、このテクニックによって350篇もの詩を書いた。1月15日から始めて、毎日1篇ずつ詩をつくったのである。今は、詩集を出版し、さらに6冊の本を書き上げた（うち5冊は、マイケル・マスターソンの筆名で出版したビジネス書、残りの1冊は、本名で書いた小説である）。

このテクニックは、私の知る中では、変化を目指すための最善のものだ。これまでのやり方では幸福感を得られなかった人にとっては、あっという間に、たやすく人生を一変させる方法となるだろう。

最初にすべきことを最初にする。さぁ、何から始めよう？
私なら、こんなことから始めるだろう。

- 早起きする。遅くとも6時半には起きる。
- 早く仕事にとりかかる。遅くとも7時半には仕事を始める。
- 最初の1時間を、最も重要なゴールに通じる課題のために使う。
- まだエネルギーが残っていたら、次の1時間も、同じような課題のために使う。そうでないときには、2番目に重要なゴールに通じる課題に切り替える。
- 次の1時間は、別な優先課題のために使う。
- もう1時間、重要な課題をすませるのに使う。重要度の低い仕事や、ほかの人からの緊急の課題にとりかかるのは、必ずその後だ。

ほとんどの人たちが出勤してくるころ、8時半から9時ごろまでには、少なくとも1時間、ときには2時間分の課題をすませ、ゴールへと前進することができる。ゴールとは、私のコア・バリューに対応したゴールのこと、私の人生を信じられないほどに一変させてくれるゴールのことである。
これこそが最高の一日を送る方法なのだ！

私は、毎週の平日5日間をこのようにして過ごしている。土日には、自分

にとっての最優先事項に注ぎ込める時間が、少なくともあと２時間ずつとれる。年平均で約600時間だ。600時間といってもたいした数字には聞こえないかもしれないが、実は大変な数なのである。

　600時間は、週40時間働いたとして、15週分になる。なんと、ほぼ４カ月にもなるではないか！

　これは一考の余地ありだ。

　600時間あれば、どのようなことができるかを書き出してみよう。

・外国語での会話がまずまずのレベルまで上達する。
・社交ダンスも、スウィング、フォックストロット、サルサ、ハッスルなど、人前で披露できるレベルになれる。
・ブラジリアン柔術で青帯、そのほかの武術でなら茶帯か黒帯を締められるようになる。
・パーティで気持ちよく歌えるくらいの歌唱力が身につけられる。
・自分の得意分野であれば、６万ワードの本が５冊書ける。
・小説なら２冊、詩なら350篇の執筆から編集まで終わらせることができる。
・自分で脚本を書き、監督、撮影、編集までこなして、30分の映画を制作できる。
・数百万ドルのサイドビジネスに着手できる。

　興味を引かれることはあるだろうか？　驚くようなことは１つも書かれていない。ごく当たり前のことばかりだ。

　ただ、素晴らしいテクニックだと認めることと、それを実践できるようにすることとは、まったく別の話である。これを読んだ人のほとんどは、こう考えるだろう。

「ぜひやってみよう。早起きをして、空いた時間で自分の夢を実現しよう」

　そう考えはするのだが、現実にはうまくいかない。いつもより早くオフィスに到着したとしよう。ところが、せっかく早く来たのに、コンピュータを

つけて、メールチェックを始めてしまうのだ。

　自分の人生を変えたいと思うなら、**元気で力に満ちあふれているときに最も重要な課題に取り組む**ことで、向かうところ敵なしの強さを自然と身につけてしまうことだ。
　早起きしよう。早くオフィスに行こう。そしてまず、重要だが緊急ではない課題に取り組もう。

生産性を最大限に伸ばす時間配分法

　ゴールを目指す私たちに毎日割り当てられている時間は、みな同じである。金持ちだろうと有名人であろうと、一日は24時間と決まっている。
　この時間をどう使うかによって、成功できるかどうかが決まってしまう。
　ここでは、生産性を最大限に伸ばす時間配分法について最もよく聞かれる２つの質問を取り上げることにしよう。

１．合計何時間働けばよいか？
２．その時間内でどんな活動に取り組めばよいか？

　特に私は、行動する時間よりも**「計画と準備にかける時間」**とに興味を持つようになった。
　仕事の準備に時間をかけなければならないときには、いつも腹を立てていた。すぐに行動に移したい。机に向かって課題の調べものをしたり、起こりそうな問題に対する評価をしたり、問題への最善の対処法を考えたりするのが嫌だった。
　これは特に、刺激を受けているときに当てはまる。可能性に突き動かされながら、人間が出せる最高速度でビジョンを実現しなければならないという

思いに取りつかれている気分になる。そんなときの私と一緒に仕事をしている人たちは、私のあまりの熱心さにイライラさせられることもある。

　行動したいという衝動は、私が起業家として成功することができた大きな要因であると思っている。経験が浅かったころの私は、計画とか準備とかいうことをバカにしていて、自分にとっても、自分と一緒に働く人にとっても、時間のムダだとしか考えていなかった。
　数多くの建設プロジェクトやマーケティング計画に着手する一方で、その中のどれほどをゴミ箱送りにしなければならなかったか、自分でも覚えていられない。
　時が流れ、私はしぶしぶ、準備することの必要性を受け入れることにした。私は相変わらず、新しいプロジェクトはすぐにでも始めたいという衝動にかられるものの、状況を判断したり、計画を立てたりするのに、ちょっと立ち止まれるように自分を訓練している。

　私が見出した、計画と準備と行動のバランスのとり方は、2008年に出版された起業に関する本のタイトル『Ready, Fire, Aim』（構え、撃て、狙え＝邦題『大富豪の起業術』）に完璧なまでに表されている。私の発想を簡単に示すと次のようになる。

- **行動は、最も重要である。経歴やプロジェクトは、早すぎる行動ではなくて、行動をためらっているうちにつぶされてしまうことが非常に多い。**
- **しかしながら、計画や準備をすることも有用である。**
- **できる限り素早く計画や準備の概要を立て、それから着手すること。問題が発生しても、後で調整すればよい。**

　だから『構え、撃て、狙え』なのである。
　これこそが、誰もが自分の時間を管理できるようになるための、うってつけのガイドである。とはいうものの、準備のためにどれだけの時間をかけれ

ばよいかを教えることは難しい。
　今年の初め、成功を収めたビジネスマン10人ほどに、準備や計画のために毎日どれくらいの時間を充てているかを質問したことがある。彼らが何時間くらい働くものか知りたいという好奇心もあってのことだった。
　このちょっとした調査の結果は以下のとおりである。
　76％が、一日8時間以上仕事をしている。働く時間の長さは4時間から12時間とさまざまだが、平均すると9・3時間であった。

　質問をしたほとんどの人が、「計画」を一日の中で重要な部分だとみなしていた。実際、全体として平均1時間ほどを準備のためだけに割いていた。
　しかも全員が、「行動」が最も重要な部分を占めていると答えた。ほぼ全員が9時前に仕事を始めており、8時前に始める人も約半数いた。
　オフィスに着く前に、まずメールのチェックや、新聞やインターネットからの情報収集をする人は多い。

　仕事を家に持ち帰って夜遅くまでしている人は、約20％と少なくなっているが、週末に数時間仕事をしている人は大部分を占めていた。
　「仕事が終わったら家族を優先する」ことや、「食事中や寝る前に子どもと過ごす時間をつくる」ことをわざわざ口にする人が多かったが、この反応は怪しいと思わずにはいられなかった。私のほうから、家族をなおざりにしているかという質問はしなかったのに、向こうのほうで気を回して、自分たちはそんなことはないと言いたかったらしい。ということは、自分自身、いささか後ろめたいと思うところがあるのだろう。
　私の調査結果を、私自身の一日だけでなく、(「アーリー・トゥ・ライズ（ＥＴＲ）」執筆のヒントを与えてくれた）ベンジャミン・フランクリンや、米国屈指の実業家であるドナルド・トランプのものとも比較してみたら、さぞかし面白い結果が得られるだろうと思った。

典型的な私の一日は、こんなふうである。

パート1：早朝

6：30　起床。微笑みの練習、前向きな思考。着替え。短距離走、ウォーキング、ストレッチ、ベンチの上で瞑想。
　　　　私が毎朝真っ先にすることは、短距離走とストレッチと瞑想である。幸福な生活を長く続けられるようにするために、（正しい食事習慣を別にして）私にできる最も重要なことだからである。
7：00　シャワー。着替え。新聞を読みながら、高タンパクの朝食をとる。
7：30　書斎に入り、数分かけて日記をつける。詩、哲学書などを読み、よいアイデアを探す。
8：00　詩や物語の執筆と編集。
9：00　ノンフィクションの執筆と編集。
10：00　「ETR」のエッセイ執筆。
　　　　4時間のうち3時間は、私の4つの最優先課題の1つである執筆に専念する。執筆時間のおよそ半分は創造的な執筆に、あとの半分は事業のための執筆に費やしている。このように分けているのは、私の現在のゴールに合わせてバランスをとっているためだ。

パート2：正午前から夕方にかけて

11：00　事務所に行き、その日の予定を見ながらプロテインシェイクを飲む。
11：15　事業の上で重要な課題を1つ片づける。
11：45　アシスタントとミーティングをして、課題をいくつか割り当てる。
12：00　事務所の隣にあるスタジオで柔術の稽古。シャワーと着替え。
　　　　柔術は、私の趣味の1つである。体が鍛えられるとともに、心が解放され、謙虚だが活気にあふれた自分になれる。
1：00　健康に配慮した昼食をとる。

1：30　仕事(行動あるのみ!)。ミーティングや電話インタビュー。
　　　　午後のワークアウトが終わるまでは、一切ミーティングを開かないことにしている(一緒に仕事をする全員に対して、午前中は私の邪魔をしないようにと言い含めてある)。
　　　　1：30ごろになると、私の一日はガラリと様相を変える。つまり、自分の主な目標に専念する時間から、ほかの人の要求に集中する時間へと変わるのである。たとえば、午後に予定される会議のほとんどは、誰かの頼みごとを聞き入れるためのものだ。毎日誰かしらが会いにくるが、私の最優先課題が落ち着くまでは絶対に会わない。

4：00　15分のミーティングを2回。

4：30　かかってきた電話にかけ直す。
　　　　かかってきた電話にかけ直すのは、夕方遅くなるころである。私にとっての最優先課題ではないが、簡単にすませられることだ。

5：00　すべての最優先課題をすませる。「ETR」のために、現状報告を2つとブログの記事を1本書く。
　　　　午後に30分の時間が残っていたら、重要だが緊急ではない課題をすませることにしている。たとえば、特に締め切りのない執筆活動など。

5：30　メールのチェックと返事。
　　　　毎日の、最後から2番目に片づける仕事は、メールのチェックと返事を書くことである。以前には日に2回していたが、今は1回だけだ。

6：00　すべての最優先課題をすませ、翌日の予定を立てる。これが一日の最後の課題である。

パート3：夕方遅く

6：30　エクササイズと休養。
　　　　自分の優先課題をほとんど終わらせることができてよい気分である。自分への褒美として、その日二度目のワークアウトをして、プ

ロテインシェイクを飲むことが多い。あるいは、事務所から２ブロック離れた葉巻店に行く。ここで私はエスプレッソと上質のニカラグア葉巻を楽しみながら、ちょっと書き物をすることがある。

パート４：夜
7：30　帰宅。ポーチでワインを飲みながらクロスワードパズルを解く。
8：00　夕食。妻との会話。
9：00　頭を使わない娯楽。
10：00　ベッドに入っての読書。
11：30　就寝。

これを合計して一日24時間の配分にしてみると、このようになる。

・７時間の睡眠。
・４時間の計画、準備、読書。
・８時間の行動。
・５時間の交際、休養、レクリエーション。

偉人も一日７時間 たっぷり寝ていた

さて、ベンジャミン・フランクリンのスケジュールと比較するとどうなるだろうか？　フランクリンの自伝には、このような予定が書かれている。

4：00　起床、洗顔、朝食。
5：00　（記述なし）
8：00　執務。
12：00　昼食をとりながら読書。

2：00　執務。
6：00　「今日はどんなよいことをしたか」を反省。
6：30　休養と気晴らし。
9：00　就寝。

　フランクリンの場合、午前中の3時間の予定が不明なので、時間配分を正確に予想するのは難しい。この3時間を、自由時間（彼はそのために骨身を惜しまず働いていた）、読書、仕事に等しく振り分けて、一日24時間の配分をしてみると、このようになる。

・7時間の睡眠。
・3・5時間の計画、準備、読書。
・9時間の行動。
・3・5時間の休養とレクリエーション。

　なんと私の一日の予定とほとんど同じになった。フランクリンを敬愛する者として、これは喜ぶべきことである。

　さて、ドナルド・トランプはどうだろう？
　トランプも朝が早くて、いつも5時半には目を覚ますそうだ。何時間かかけて新聞（一度に5、6紙）を読む。8時半に事務所に着き、夕食の時間まで働きづめだ。
　夕食の予定がないときには、夜の10時ころまで働く。ベッドに入るのはたいてい11時から11時半くらいになるそうだ。
　仕事がある日のトランプは、ミーティングと電話ばかりをしている。建築開発の仕事に携わっていることを考えると、一日の3分の1は計画と準備に費やしていると考えてよいだろう。
　そこで大まかに計算して、トランプの一日24時間の配分をしてみると、このようになる。

・6・5時間の睡眠。
・5・5時間の計画、準備、読書。
・9・5時間の行動。
・2・5時間の休養とレクリエーション。

　興味が湧いてきただろう。すぐにやってみるとよい。昨日の予定表を持ってきて、自分の一日と比べてみよう。
　ただし、これは起業家の典型的な一日を示したものである。あなたの仕事が医師や厨房係なら、ずいぶん違った予定表になっていると思う。
　それはともかく、ティモシー・フェリスの『「週4時間」だけ働く。』を買って読んだときは、そんな生活に憧れた。現実に、やはり人生で成功を収めるためには、毎日準備に3、4時間をかけ、8時間から9時間は行動に充てる必要があるのだと私は思った。

　生産性を最大限まで向上させるには、2、3週間はこの予定を試してみて、自分にはどう役立つかを確かめてみよう。一日をどうやって始めるかによって、午後や夜の時間をどれだけ生産的に過ごせるかが左右される。そこで、次の4つの簡単なルールに従ってみるとよい。

1．長時間エネルギーを持続させ、昼過ぎに疲れてしまわないように、朝は高タンパクの食事をとる。私の場合は、卵を2つ、トーストした高繊維のパンに載せて食べている。あと、水を何杯も飲むが、コーヒーは1杯だけだ。

2．体を目覚めさせるために、何か運動をする。私の場合は、ウォーキングと短距離走を交互に行い、15分間ストレッチ（たいていはヨガ）をする。

3．一日の最初にする課題は、意味のあるものを選ぶ。ここで意味のあるものとは、「重要だが緊急ではない課題」、長期的な、一生かけて取り組むゴー

ルに通じることをいっている。今の私だと、詩や物語を書くことが含まれるが、人によっては、金を稼ぐことや昇進することに関係したものかもしれない。

4．自分の刺激になることをする。私は、詩や哲学書を読むのが好きだ。格好つけているように見えるのは承知だが、どちらも私のためになるものなのだ。

重要なのは、自分にとっての最終的なゴールを心に留めておくのに一番役立つことをするということである。

成功へと導く
3つのステップ

突き詰めていけば、**自分のゴールを実現することは、時間の使い方を考えることになる**。つまり、**何をするか、そして、何をしないか**ということだ。
ゴールを決めるのはたやすい。優先順位をつけることもかなりやさしいといえる。
難しいのは、「やり遂げる」ことなのだ。幸いなことに、その過程で自分を鍛えるための簡単なステップがある。

ステップ1

意志があるだけでは不十分だと気づかなければならない。
毎年のゴールや新年の決意を一覧にまとめると、気分が高揚してくるだろう。また、自分はまだ旅の途中にあるという気持ちにもなると思う。自分のマスタープランを行動に移すまでは、何ひとつ進展したとはいえないのである。

↓

ステップ2

将来の成功のことばかり考えていてはいけない。

　人生で何を得たいか、たとえば大きな家に住み、高級車やヨットを乗り回すことを夢見るのは楽しいかもしれない。念じるだけで金持ちになれると教える人々もいるが、それだけでは成功はおぼつかない。行動することにもっと時間を費やすようにしよう。「いつかは」手に入るおもちゃのことばかり夢見ていてはいけないのだ。

　私が知っている人で、大きな成功を収めた人たちの中には、念じるだけで金持ちになれる哲学を説く人もいることはいるが、成功を夢見て、時間をムダ遣いするようなことはほとんどしない。そうではなく、この課題をどうやってすませるかとか、あの問題をどうやって解決するかとかいうことを考えている。富と成功は、きちんと計画を立て、それに従って行動することで手に入れられると知っているからである。

↓

ステップ3

一日中忙しくしよう。

　自分のマスタープランに取り組むようになったら、一度に何時間も働き続けたいと思うようになるだろう。自分がゴールに向かって前進していると思うから、働くことによってエネルギーが湧いてくるのである（仕事ではこういう経験をしたことがなかったというなら、もっと一日を楽しめるようになろう！）。

　モチベーションをさらに高められれば、多くの重要な仕事をこなしていくうえでとても役に立つだろう。より真摯に、いっそう頭を働かせて仕事に取り組むことで、長時間にわたって熱心に働けるようになる。

　長時間、熱心に働いていると、ちょっと息抜きもしたくなるだろう。ストレスを解消し、バッテリーの充電をし直して、長い時間、同じ姿勢を続けてこわばった体をほぐすためにも、3分から5分の休憩が必要だ。

　調子が出ているときに休憩をはさむのは簡単なことではない。実際にやっ

てみたら、休憩をとるのにどうしてこんなに苦労するのか驚くだろう。

　私の知り合いで、成功を収めているビジネスマンのほとんどは、コンピュータや電話を前にして4時間から6時間も座り続けても平気だ。これは、マスタープランを立てるのは動機づけになるという証拠ではあるが、その一方で、体と頭に多大なプレッシャーを与えることにもなるのである。

　必要と思ったときに休憩をとれるようにするための、ちょっとした道具をお勧めしよう。それは、昔ながらのゆで卵用タイマーである。ジーン・シュワルツは、Boardroom Reports（ボードルーム・レポート）社やRodale Publishing（ロデイル・パブリッシング）社の成功に貢献した伝説的なコピーライターだが、机に向かうときには必ずタイマーを33分にセットしていたそうだ。そして、タイマーが鳴ると机を離れて、5分間別なことをする。こうしているおかげで、生産性が向上するとシュワルツは言っていた。自分が成功に向かうプロセスの重要な部分を占めていたという。

　私が執筆するときには、自分で決めた執筆目標に合わせ、タイマーをセットする時間を変えている。今は一度に多くのプロジェクトについて執筆をしているので、毎日300ワードから1200ワードを書くことを目指している。

　私は10分間で平均100ワード書けるから、30分で300ワード、1時間で600ワード、「ＥＴＲ」用の1200ワードの記事を書くのには2時間かかる計算になる。

　私の典型的な一日の予定を見ておわかりになったと思うが、ときには2時間続くこともあるものの、30分から1時間の予定の区切りが、私にとっての休憩のタイミングだ。区切りのところで、オフィスの外においてあるピラティス用のバレルの上で前後にストレッチをすることもあれば、建物を出て深呼吸するだけということもある。

　私の午後の予定はミーティングや電話で占められているから、黙っていても中断が入るので、タイマーをセットする必要はない。

　このようにジーン・シュワルツのように、とてもすっきりした気分になれ

る、ちょっとした休憩法を取り入れている。

　睡眠時間が短かったり、午後のワークアウトに精を出しすぎたりしたときには、午後には疲れ切ってしまう。そんなときには、**横になって15分ほど仮眠をとる**。どこでも、どんな状況でも、仮眠をとるようにしている。別に恥ずかしいことではない。仮眠のよさを理解していない人は、きっと恥ずかしいと思うだろうが、私はそうは思わない。

　以前、ロンドンでひどい時差ぼけになったとき、役員会議が始まる前に、会議室のテーブルの下に寝転がって休んでいた。会議の15分前に、役員の1人であり富豪でもあるドイツの出版人ＮＲが部屋に入ってきた。私たちは顔を見合わせてしまった。

　何か言われるかと思ったが、ＮＲは何も言わずに靴を脱いで、私の隣で横になった。私たちは十分な仮眠をとることができた。

　私は書斎とＥＴＲ本部の両方に、効率的なワークステーションと座り心地のよい椅子を用意してある。それから、仮眠用に枕もおいてある。

　このような、ちょっとした休憩や仮眠や自分への褒美は、一日を楽しいものにしてくれる。シートにびっしりと課題が書き込まれている日でも、2時間以上も楽しいひとときを過ごさずにいるなんてとてもできない。

　一日仕事をしていて、長くて退屈な道を歩いているようだと思うのだったら、私の休憩法を試してみるとよいだろう。そして、幸福な気分になれるか、生産性が上がるか確かめてみてほしい。

あらゆることで
トップの座に立つ

　この本から学んでいるマスタープランを行動に移すときが来たら、前よりも多くを成し遂げられそうだと気づくだろう。それも、ずっと多くのことを

……。

　あなたがいかに多くのことを実現させているか、いずれ人々は気づく。なかには、あなたに助けを求めてくる人がいるだろう。あるいは助言かもしれないし、職場で頼りになる人だからというので、「もっと仕事をお願いします」と頼みに来るだけかもしれない。

　それは大いにけっこうなことではある。この経験から、力が得られるし、そのほかの選択肢や、昇進するチャンスが得られる場合もある。こうした余計な仕事を管理できるシステムがないとなると、すぐにまいってしまう。

　そうなると、頭の中でストーリーを練った映画の幸せな光景は、たちまちホラー映画に一変してしまう。みんながあなたに幻滅し、腹を立て、いつの間にか、あなたを追い出す相談が始まるのだ。

　当たり前だが、そんな目には遭いたくない。自分が多くの仕事を管理できるようになると、自分の仕事と同じように、ほかの人に任せている仕事の状況も把握したくなる。職場で地位が高くなればなるほど、より多くの仕事を人に任せられるようになることを肝に銘じておこう。

　忙しくなるほど、よい仕事をしたいと思う。それは特に、次のような場合だろう。

・**自分が出席すべきすべての会議の準備をする。**
・**すべての仕事の期限を守る。**
・**聞いてもよいと自分から言ったすべての質問に答える。**

　私は、生まれつき細かいことにはこだわらない性格である。昔から「大局的にものごとをとらえる」人間だと自負してきた。問題から考えられる原因を見つけ出し、その解決策を考えるのが非常に得意である。その解決策を実行に移すこともできるが、ものごとの状況を把握しておくのは苦手である。

　また私は、生まれつき社交的な人間である。誰かに何かをしてくれと頼まれると、「はい」と言ってしまう。他人を喜ばせようとするこの性癖のため

に、自分が引き受けられる以上の仕事を任される羽目に陥ってしまうことも知っている。

　昔の話だが、うっかり忘れてしまったとか、締め切りに間に合わなかったとかいうことは数多くあった。そのせいで、失望させたり、不満を抱かれたりしたものだった。

　数年前、自分が会社を興して、頭の切れる、自主性のある人たちを束ねていこうと思うなら、その人たちの仕事の内容を把握できるようにならなければいけないことを悟った。とはいうものの、大局的にものごとをとらえる自分がトップに立つことを、自分の苦手分野の言い訳にするというバカげたぜいたくをするような余裕はとてもなかった。私には、自分の事業の中で重要と思われる詳細部分を管理できるようにするテクニックを取り入れ、スキルを身につける必要があった。

　私はもともと整理が得意でなかったので、巧みなシステムを自力で生み出すことなどできなかった。整理のために当時の私が従ったシステムは、今でも従い続けているものなのだが、私のかつての師たちから学んだことを組み合わせてつくったものだ。

　ここまでの章では、ゴールの決定や課題の設定をするプログラムについて書いてきた。毎年のゴールや毎月、毎週の目標を立て、毎日の課題リストをつくり、その後で優先順位に従って課題に取り組む順番を決めていく。私自身の生産性が向上した最大の理由といえば、このプログラムを使うようになったことであり、正直なところ、私の人生に革命を起こしてくれたといってもよいくらいだ。

　ところが、プログラムをもってしても、すべての課題に効果的に取り組むために認識しておく必要がある多くの詳細について、私は把握することができないのである。第2章の、ゴールに到達するための毎日の課題リストについて書いたセクションを見ていただければ、私の言わんとすることがわかっていただけると思う。

詳細を把握するために、私は２つのファイルフォルダを使って、手作業による極めて単純なシステムをつくった。それでは、このシステムの仕組みを説明しよう。

詳細を文書にする

　たとえば、一年後にあるテーマの本を出版するというゴールを決めたとする。これを達成するために個人的にしなければならないこと（本を書き上げ、最終の面つけと宣伝にＯＫを出す）をやりきるために、私がするべきことは、本を出版することを１年後のゴールとして決めることだけである。そこにふさわしい毎月の目標を差し込み、それに基づいて、毎週の課題と毎日の課題のリストをつくるのだ。

　本を出版するために必要なそのほかすべての作業について、私は何もすることがないのだろうか？　本の編集を誰にしてもらおうか？　校正は？　マーケティングチームを編成して、販売計画を確実に進めさせるにはどうすればよいか？

　こうした必須の活動についてはすべて、私の出版担当者が調整してくれるだろう。それらの事項の話し合いの場に私はいないだろうから、詳細の概要をメールで送るように頼む。

詳細をファイルする

　概要がメールで届くと、ざっと目を通して、内容を確認する。それから一番上にメモを書き留めて（「新刊書の宣伝アイデア」など）から、机の脇にあるフォルダにファイルしておく。フォルダには、１年12カ月分として、12個のポケットがあり、その中の適切なポケットに書類を入れる。たとえば、新刊書の最初のマーケティング会議が４月に開かれるなら、そのためのメモ

を4月と書いたポケットに入れる。

4月になったら、フォルダからメモを取り出し（4月のポケットにはそのほかの書類も一緒に入っている）、別のフォルダに移動する。このフォルダには、1カ月31日として、31個のポケットがある。会議のメモは、私が必要だと思う日のポケットに入れておく。会議当日に入れることもあるが、内容を再確認して準備をするために、1、2日前に入れておくこともある。

フォルダから頭の中へ

前にも言ったとおり、毎晩事務所を出る前に、次の日の課題リストをつくることにしている。このときに、毎日のフォルダ（31のポケットがあるフォルダ）から次の日の書類を取り出して、そこに書いてあるプロジェクトを再確認するために各項目を見直す。

簡単に見直すだけで、必要な情報が得られることもあるし、検討するために、次の日に予定を空けておかなければならないこともある（たいていは30分から1時間あれば十分すぎるくらいだ）。こうして会議当日には、最初のメモのほかに、準備の間にひらめいた新しいアイデアも手元に用意できるのである。

私はこのシステムを使って、人に任せたプロジェクト、自分で引き受けたプロジェクト、あとで返事を書く予定の手紙など、仕事の全体を把握している。興味深い記事を見つけた（あるいは、送られてきた）ときには、毎日のフォルダに入れておいて、ときどき取り出して読み返している。

非常に単純なシステムだが、私にはとても役に立っている。自分で新しいプロジェクトを引き受けられないときも一目でわかる。なにしろ、月別のフォルダがいっぱいになっているのだから！

私が2つのフォルダでしているのと同じようなことができるコンピュータプログラムが数多くあることは知っているが、これまでに試したものは、使

いにくくて、時間のムダになるばかりだった。手作業のほうが、私には向いている。

　私がつくるように勧めているマスタープランによって人生が変わり始めるにつれて、以前にはなかった責任を背負うようになるだろう。こうなると、重要な詳細をしっかりと把握しておくためには、記憶や本来の頭のよさを当てにしてはいられなくなる。このシンプルなファイルシステムを使うようお勧めする。

稼ぐ時間をつくる4つのポイント

　私がこれまでに書いてきた、自己改善をテーマとしたエッセイの中で、時間節約法を取り上げたものには、賛否両論が数多く寄せられた。なぜこんなことになるのか、私にはわからない。

　みなさんは、より少ない時間で毎日の課題をこなすことで、自分の生産性を高める方法に関するアドバイスを受けられて、「ETR」の読者はとても喜んでいるものだと思うだろう。そう思うはずだ。

　2005年2月の騒動は大変なものだった。「ETR」の読者に、シャワーを浴びる時間を減らして時間の節約をしようと勧めたときのこと。記事の中で私は、毎日30分シャワーを浴びているという友人たちの話をした。私は、信じられないと書いた。私だったら、2分もあれば十分だ。長くても5分までである。

　これに対して読者たちは激怒した。私のことを、無神経な人間だと非難した。汚らしくて傲慢な、性差別主義者だとも言われた。

　シャワーを浴びるのが好きな人は確かに多い。誰かにシャワーの時間を制限しましょうと勧めると、そのせいで相手を怒らせてしまうことになる。

　この話を続けることは、ここでの眼目ではない。自分から時間を盗み出す

ことを勧めようとしているのである。そこで私は、健康で、豊かで、幸福な未来のために投資する時間をつくる方法をいくつか提案をしてみようと思う。「もしよろしければ」の話だが……。

シャワーの時間は2分だけ

　みなさんが、シャワーの下に立って、存分に湯を浴びていたいと思う気持ちはわかる。そうすればリラックスできるのだろう。一日に15分から30分もシャワーを浴びていたら（多くの人がしているように）、何トンもの水と時間をムダにするだけである。

　地球を守ろう。自分を変えよう。だから、シャワーの時間を減らそう。シャワーの時間を短くすることで、1年間で79時間から170時間が節約できる。

食事は自分の机で

　前にも言ったとおり、以前の私は、昼食に1時間もかけていた。少し知恵がついてから、オフィスの机で食事をするようになった。レストランでの昼食は、月に2、3回。それだけだ。しかも、友人や知人と時間を過ごすためにする。ビジネスランチはしない。

　業者にぜいたくな食事を用意させるくらいだったら、昼食代にかかる分、価格を下げるように交渉したほうがよい。

　結論はこうだ。ビジネスランチは時間の節約にはならない。それどころか、時間のムダ遣いだ！　また、金のムダ遣いでもある。食事は自分の机でとろう。自分の机で食事をとることで、1年間で250時間が節約できる。

ミーティングは短く

　私がこれまでに仕事のために出席してきた1時間のミーティングのうちおよそ80％は、15分以上かける必要がないものだった。また、私が参加した数日間の研修の半分は、一日か半日もあれば十分だったと思う。

　仕事のミーティングは、バスケットボールの試合と似ている。接戦になると、選手たちはボールを回して時間をつぶす。勝ちを目指して真剣なプレイが始まるのは、終了間際の10分間だけだ。

　十分に計画しておけば、ミーティングにかかる時間を大幅に減らすことができる。巧みに計画されたミーティングには、次のような特徴がある

・テーマを1つだけに絞っている。
・そのテーマは、あらかじめ短いメモによって簡潔に示されている。
・ミーティングの司会は、意見を出させるのが得意で、話が脇道にそれることなく、結論に導いてくれる人が務める。
・ミーティングに参加すべき人だけが参加している。多くても7人まで。

　ミーティングを15分間にすることで、75時間が節約できる（一年に100回ミーティングを開くとした場合）。

メールの返事は効率的に

　メールの返事を書くのは一日1回だけ、それも一日の終わりにまとめてすることで、私はイライラさせられる時間を減らしている。それはなぜか？　100通ものメールのうち4分の3は、ほかの人にとって重要な内容である。問題解決はその人に任せておけば、その人のためにもなるし、私にとっては時間の節約になる。

メールの返事を書くときは、簡にして要を得た内容にする。言いにくいこと、批判的なことはメールには書かない。書いてしまうと、片づけるべきメールがさらに送られてきて、混乱するだけだからだ。肯定的なことなら、すかさず返事が書けるだろう。すぐに説明できないようなことなら、会って話すか、電話をかけるようにする。

　ときどき、といっても年に２回くらいだが、ルールを破って、一日の最初にメールの返事を書くことがある。そうやって一日を始めると時間が余計にかかることに気がついた。朝にはたくさん時間があるような気がして、短い返事でよいときでも、つい長くなってしまう。
　両方のやり方について、一度実際に時間を計ってみたことがあったが、朝からメールの返事を書き始めたときは、返事を100通書くのに約１時間半もかかったのに対して、一日の終わりに返事を書いたときには、45分から60分ですんでしまった。一日45分でメールの返事を書くことで、185時間が節約できる（一年に250日メールチェックをするとした場合）。

　さて、この４つの結果を合計してみよう。なんと最低でも589時間の節約である。つまり、週40時間働いたとして、14週分以上にもなるのである！
　毎年589時間も余計に使えたら、何ができるだろうか考えてみてほしい。そうすれば、前進するために自分を変えようと思うだろう。

仕事場を完璧に 整理整頓する方法

　あなたの仕事場はどんなふうだろうか？　仕事がしやすいように、きちんと整理されているだろうか？　ごたついてはいるが、よい仕事はできる？　すっかりお手上げの状態だろうか？
　今のあなたが、だらしないか、きちんとしているかにかかわらず、**仕事場を合理的に整頓すれば、ストレスを減らして、もっと多くの仕事をこなせる**

ようになる。これは、さまざまな研究から明らかにされていることだ。

　私は毎日、**自分の仕事の計画と整理をし、生産性を上げるための時間を最低1時間設ける**ようにしている。その時間の大部分は、仕事場を物理的に片づけることに費やされる。

　仕事にもっと熱心に取り組めるようにするために、誰にでもできる12のポイントを挙げてみよう。

1．照明の明るさを、「薄暗い」から「非常に明るい」まで、幅広く調節できるようにする。

　これには、3つか4つの照明が必要である。疲れているときや、頭をスッキリさせたいときには、部屋を明るくする蛍光灯（天井灯か間接灯）がお勧めだ。それから、机の上を照らす補助灯をおく。一番よいのは、真上からのスポット照明だ。ランプは、机の上に置くものでもよいし、床に立てるものでもよいが、事務所に訪問客があったときに、心地よく温かみのある雰囲気を醸し出してくれるものにする。自然光が入ってくれば最高だ。窓にはブラインドを下ろせるようにしよう。

　可能であれば、必要な光の量を調節するために、照明にはすべてレオスタット（調節スイッチ）をつけておくとよい。それから、スイッチは1カ所にまとめておくこと。できれば、ドアの近くがよいだろう。

　照明に注意してこなかった人は、周りの照明を変えることは重要でないと思うかもしれないが、照明は、活力や気分に直接作用するものなのだ。できる範囲で、最高の品質の照明をそろえよう。

2．作業スペースをつくる。

　机とキャビネットは、自分の仕事のスタイルに合わせて、特注でつくってもらうべきである。ここで出費を惜しんではいけない。十分なスペースが必要だが、自分のいらないものまで積み上げておくほどの広さは必要ない。普段使っているファイルや備品は、手の届く範囲に置いておく。家具の配置は、机からキャビネットまでの動線を考えるようにする。

コンピュータは、机ではなくキャビネットにおく。そうすれば、誰かが会いにきたときに、コンピュータに気をとられないようにすることができる。

3．よく参照する本やひらめきのもとになる本を手元においておく（椅子から立ってすぐに手が届く場所が理想的だ）。

　これは、市販の本棚を事務所に置くだけで、費用をかけずにできる。

4．上等な椅子を手に入れるのに金と時間をかける。

　個人的な生産性という観点からいうと、事務所の椅子は最も重要だ。家よりも、車よりも大切なものだといってよい。なぜなら、普段仕事がある日には、8時間から10時間を椅子に座って過ごすわけだから。また椅子は、部屋に入ったときに、真っ先に目に入るものの1つだから、見た目も重要である。

　椅子は、腰が90度になるように調節し、コンピュータは、画面の一番上が目の高さより5度低くなるように傾ける（こうすれば、表示された文章を読むときに頭を上げ下げしなくてすむ）。キーボードは、手のひらが平らになるようにおく。椅子の下にプラスチック製の固いマットを敷いておけば、椅子の移動も楽である。

5．机の上にゆで卵用タイマーをおいておく。

　この話は前にも書いた。ゆで卵用タイマーを使えば、1時間以上も机に向かっているということがなくなる。タイマーが鳴ったら、消す前に椅子から立ち上がること。立ち上がったら、今度は体を動かすこと。ストレッチでも、腕立て伏せでも、スクワットでもいいから、5分間体を動かす。ときには事務所の中を歩き回って、仕事仲間と話をするのもよい。

6．身の回りを片づける。

　自分の周囲に必要なものをすべて積み上げておくと、何かと都合がよいと思うかもしれないが、そんなことはない。国によっては、自分の生活も管理

できない人間だと思われる場合もある。

「すべてのものにはそのための場所がある。だからすべてのものはその場所に戻せ」（訳注：ベンジャミン・フランクリンのことばといわれている）というが、その中には筆入れやペン、老眼鏡ケースも入っている。それぞれ個別に、手に取りやすいところに置いておこう。

7．書類受けを2つ、フォルダも2つ用意する。

　1つ目の書類受けはほかの人が書類を入れるためのもので、もう1つは自分専用にする。毎朝1つ目の書類受けを見て、その日に片づける重要なものをより分けて、自分用の書類受けに移動させる。1つ目の書類受けに残った書類は、前に紹介した各月のフォルダか、拡張可能な毎日のフォルダに入れてしまう。

　2つ目の書類受け（自分用）は、必ずその日が終わるまでに空にすること。

8．「緊急時」に備えて必要なものをすべて入れておく引き出しを1つか2つ決める。

　私の引き出しのうち1つには、事務所にいるときに必要なものがすべて入れてある。小さなねじ回し（私の老眼鏡のつるを留めている小さなねじを締めるために、宝石職人用のまである）、WD-40（訳注：潤滑スプレーの商品名）、ダクトテープなどだ。

　別の引き出しには、着替えを何着か（クリーニングに出したシャツ2着と、ネクタイ2本）隠してある。これは、重要なミーティングが不意に飛び込んできたときのためである。

　たまたまだが、私は事務所のバスルームに、予備の歯ブラシと歯みがき、絆創膏、解熱剤、除菌用のハンドローション、甘皮用はさみなどを置いている。こういったものは、「緊急時」用の引き出しに放り込んでおけばよい。

9．訪問客のために、壁に時計をかけておく。

ミーティングの最初には必ず時計を見て、目の前にある問題解決に、きっかり何分かかるかを宣言する（このときにはタイマーの使用は禁止！）。

10. 昔ながらのバーを設ける。

親切な助言だけでは十分ではないときのために、スコッチウィスキー、ウォッカ、ラムを常備する。保湿箱は、誰か葉巻好きのために用意しておいてもよい。といっても、私のことではないが。酒を口にしない人であれば、中国茶のセットをそろえておくとよいだろう。私の事務所には、片面にバー、反対側に茶器一式が用意してある。どちらも大変重宝している。

11. 生き物を事務所に置く。

鉢植えを置くと、周りに酸素を放出してくれる。固い雰囲気も和らぐだろう。スペースに余裕があるなら、大きな観葉植物を選ぼう。タイマーを5分にセットして、一日に何度か世話をする。

12. 自分が完全な人物であることを示す証を事務所に飾る。

家族の写真や仕事で授かった賞状を飾ろう。訪問客の目はすぐに事務所の壁や空いた場所に行くものだ。訪問客に対して、自分が伝えたいメッセージを示すことを忘れてはいけない。

自分が励まされた誰かのことばなど、思わず笑みが浮かんでしまうものを、最低1つは飾るようにする。そして、その魔力が失われてしまったときには、新しいものを飾ろう。

オーディオシステムに費用をかけてもよい。むやみに高級なものではなくて、気分の落ち着くようなBGMが流せるくらいのもので十分だ。

最後の1つ。これは人の上に立つようになって、頼まれごとが山積みになる日まで、差し当たりリストから外しておくが、必要なときに十分に仮眠をとることができるベッドを用意すること。

あなたは、自分の人生を変えていくための設計図を引いているところだ。自分の計画に取り組むことでモチベーションが上がってくるだろう。

必要だとわかっていても、これだけの仕事をこなしたことがないという不安に陥るかもしれない。自分で決めたことだ。何かを変えようとして始めたことである。それでも、問題が持ち上がったり、予期せぬ出来事が起こったりすると、心が乱れてしまう。そしてとうとう立ち止まってしまうのだ。

これこそが、誰もが直面する大きな問題なのである。そんなときにはどうやって取り組む気持ちを持ち続けられるようにすればよいのか？

次にご紹介する話は、今から40年前、私自身がやり遂げた話である。

成功できる人間になる仕事の習慣

高校の最終学年も終わりに近づいたころ、進路指導のビグズリー先生から職員室に呼び出された。

「あなたの成績と、適性テストの結果と、評価報告書を見せてもらいました」と言いながら、先生は書類を一枚一枚めくっていった。

私は内心期待していた。ビグズリー先生は、名門大学への推薦を担当している。「僕の可能性を見抜いてくれているはずだ」と私は思った。

「だから、アイビーリーグの大学に推薦してくれるんだろう」

先生は、書類を机に置き、私の顔を見上げた。

「私の教師生活で、これほどＤＮＡをムダ遣いした生徒は見たことがありませんね」と先生は言った。

「ご両親は、大学で教えていらっしゃるのでしたね？」

私は、そうだと答えた。

「２人のごきょうだいも、オールＡの優等生だったそうですね」

「ええ、でも……」

「大学には奨学生として入学したと聞きました」

「ええ、でも……」

「担任のグロウ先生とお話ししました。それから、ディーン先生とマッケル

先生ともお話ししました。みなさん、口をそろえておっしゃっていましたよ。あなたは、読書にも作文にも数学にもまったく関心がないようだと。成績を見れば、確かにそのとおりです」

「でも……」

「高校でこの成績でしたら、私の見る限り、進路は一つしかありません。陸軍に入隊することです。採用担当官に連絡をとってください。できるだけ早く」

私はもう一度反論したかったが、ビグズリー先生、そして私を教えた先生たちも、すでに結論を出してしまっていたようだった。私は、まったくダメな生徒だったのだ。

その日は、私の学生生活で「最低」の日だった。屈辱そのものだ。私はすっかり打ちのめされてしまった。

ビグズリー先生の評価が低かったことで、私は頭に血が上ってしまった。その晩は、クヨクヨ思い悩んでいたが、翌朝目が覚めると、自分の心の中に新たな炎が燃え上がっていることに気がついた。

こんな大失敗は決してするまい。あの瞬間から、私は優等生を目指したのである。

早速私は、地元のコミュニティ・カレッジへの入学手続きをとり（意欲に満ちた人なら、誰でも受け入れてくれる）、夏の計画を立てた。仕事がないときには、起きている間はずっと読書をして過ごし、履修予定の講義の予習をした。

毎日がよい気分だった。高校で学んでおくべきだったことを学んでいた。私は日ごとに進歩していった。

それでも私は、講義が始まってみたらまた悪い習慣が戻ってくるのではないかと、気が気でなかった。そんなシナリオにならないようにするため、いわゆる「ガリ勉」とルームシェアをし、運動部やクラブには一切入会しなかった。それから、友人たちを集めて、これから最低１年間は「連絡しな

い」と告げた。そして、自分のゴールについて説明し、次の夏が来るまでは、「そっとしてほしい」と頼んだのである。

　今だからこそわかるのだが、当時私がしていたことは、自分の性格を徹底的に変えてしまうことだった。自分に対する考え方を改めようとした。それも、肯定的な考え方をするのではなく、自分は優等生であるという「気持ち」にさせる具体的な行動をとるという方法によってである。

　9月になって大学が始まると、教室の最前列に陣取って講義を受けた。高校生のときには決してしなかったことである。
　私は常に、するように言われたことは少なくとも5割増の結果を出すようにした。たとえば、500ワードで宗教に関する小論文を書くという課題の場合、750ワード書くようにし、さらに印象的だった文献資料の一覧も添える。その次の週に『リア王』を読めと言われたら、二度読む。それだけでなく、図書館に行って『リア王』に関する評論を読み、主だった解釈はひと通り頭に入れてしまう。
　質問が出たときには必ず手を挙げた。追加の単位がもらえないとわかっていても、課外レポートを提出した。

気晴らしは「一日1時間」と決めて絶対に守る

　私は、本格的に人一倍熱心な優等生に変わろうとしていた。それだけでなく、教授やほかの学生たちにも自分のことをそのように見てもらいたいと思ったのである。
　初めのころは、ほかの学生たちも私と同じくらい熱心に取り組んでいた。ところが、何週間かが経つと、次第に脱落者が出始めた。1人また1人と抜けていくごとに、私のモチベーションは高まっていった。最初の試験結果が返されたときには、すっかり感激してしまった。AやBプラスの成績をもら

うことでこんなによい気分になれるとは、思ってもみなかった。

この気持ちを味わったことで、ますます一生懸命に勉強しようという気になった。毎週毎週、私とほかの「よくできる」学生との差は開いていった。第1学年が終わろうというころの私は、すっかり別人になっていた。

高校生のときのようなバカな真似は、もう決してしない。教室の最前列に座り、どんな質問にも正しく答える私は、「先生のお気に入り」である。**自分自身に対するイメージが変わってしまうと、モチベーションが長続きする**ようになった。どの講義に出ても、私は上位3人の1人だった。どれほど骨が折れようと、この地位は守っていこうと思ったものだ。

2年連続でオールAだったので、シティ大学への編入も簡単だった。シティ大学はより厳しい大学だったが、そこでも私はよい成績をとり続けた。2年後には私は首席で卒業し、さらに2年後、今度はミシガン大学をクラスの首席で卒業したのである。その後にカトリック大学を卒業したときには、博士号も授かっている。

トップに立つには、余計に時間がかかる。かなりの犠牲を払わなければならない。たとえば、このようなことだ。

1. 早起きして、意味のある仕事にまず取り組むことで、その日一日に弾みをつける。
2. ときには遅くまで仕事をする。
3. 頼まれた仕事は少なくとも5割増の結果を出す。
4. やりがいのある仕事には進んで取り組む。
5. 陰で自ら学習する。
6. ゴールを達成するのに不可欠なスキルでは、誰にも負けないようにする。

たいていの人がそうであるように、最も集中力をそがれてしまうのはテレビ、インターネット、友人、家族だろうと思う。テレビは捨てる。インター

ネットは、「気晴らし」の目的で、一日１時間だけしか使わない。友人や家族には、当分の間、あまり一緒に時間を過ごすことができないと伝えておこう。
　クラスでも、仕事でも、本業以外の関心事でも、**トップに立てるまでは、一心不乱に取り組むしかない**。トップに立つまで、おそらく６カ月もかからないと思うが、そうなったときには、自分を誇らしく思うだろう。その気持ちを覚えてしまえば、モチベーションが下がるのを恐れる必要はなくなるはずだ。
　いや……ほとんどなくなる、というべきか。ときには誰でも、モチベーションを高め直す必要がある。一度経験した後ならば、自分が再び動き出せるようになるためにすべきことをハッキリと理解するだろう。

より豊かな、より楽しい人生をつくりだす

PART 4

人生に黄金の輝きを与えるもの——それは選択

　一番下の子が間もなく家を出るので、妻のKと私は、ケーブルテレビを契約しようか話し合うようになった。20年近くも、わが家ではテレビを見ていない。気が散るようなものがなければ、子どもたちは本をよく読むようになるだろうと思ってのことだったが、その目標は達成された。3人の息子たちはみな、貪欲かつ巧みに本を読むようになったのである。

　さて、子どもたちが巣立ってしまい、私たち夫婦は、「一緒に見て楽しめるものが何かあるといい」と思うようになった。夕食後に1時間くらい並んで座り、同じものを見て笑うという生活はどんなものだろう。

　この仮説を検証するために、これまでDVDを見るためにしか使っていなかった一体型テレビに間に合わせのアンテナをつなぎ、何日かテレビを見て夕方を過ごした。

　実験結果は、どちらともいえないものだった。妻と2人でテレビ番組を見

るのは楽しかった。テレビを見ること自体もそうだが、妻も「同じものを楽しんでいる」ことと相まって、二重に楽しかった。テレビを消した後で、以前にテレビを見たときの感覚、つまり、もの悲しいような、自分が空っぽになったような感じがした。まるで失った時間を嘆いているような気分だった。

　別の日には、科学番組を一緒に見た。虫についてのドキュメンタリーだったが、突然、以前から経験したいと思っていた経験をしていると気がついた。それは、楽しく学べるものを共有することである。

　そこで私は考えた。人はどのようにして気晴らしをするのか、どれだけの時間を気晴らしに費やすのか、どんな気晴らしをするのか、そして、気晴らしに費やされる時間は、賢く使われているのだろうか。

　大まかにいって、私たちは４つの活動、つまり、**「労働」「睡眠」「食事」「休養」**の４つにかかわっている。働けば働くほど成功する可能性が高くなるという主張は、ある程度精神的に、または肉体的に消耗してしまうまでは、理にかなっていると思う。

　とはいうものの、「よく学び、よく遊べ」ということも認めざるを得ない。私たちには娯楽が確かに必要である。そこで問題になるのは、「どの程度の？」ということだ。

　その答えは、とても単純である。自分に聞いてみればよい。自分はどの程度の成功を収めたいのか？　どのくらい頭がよくなりたいのか？　いくらぐらいお金を稼ぎたいのか？　業界でどこまでの地位になりたいのか？　どれだけの業績を成し遂げたいのか？

　自分の野心についてよく考えてみよう。それから、自分がしたいと思っていることを過去に成し遂げた人物は、一日何時間働いていたかを突きとめる。よほど恵まれた（あるいは、よほど鈍い）人間でもない限り、そういう人物と同じだけ勤勉に（たとえば、同じだけの時間）働かなければならないだろう。

睡眠時間と食事にかかる時間を差し引いてから、あなたと同じ業界で成功を収めた人物の典型的な労働時間を足す。この数を24から引くと、残った数字が、安心して娯楽に使ってもよい時間ということになる。

ここで別の問題が持ち上がってくる。娯楽の種類によって何か違いはあるのだろうか？　休み時間中に、テレビの前に座ってジェリー・スプリンガーのトーク番組を見ているのと、ウェイトリフティングをするのと、楽器の演奏をするのとで、違いは生じるのだろうか？

金、蒸気、酸という 3つの選択

　大まかにいって、休み時間の暇つぶしの方法は3つある。まず、楽しいが害になること（飲酒など）。それから、何も考えずにできる気晴らし（大衆小説などを読む）。そして、自分の体の一部にいささかエネルギーを要するが、非常に楽しいうえに、自分自身を改善するための知識も得られるもの（ヨガなど）である。
　仕事、スポーツ、休暇の場合も、3つの同じ選択肢があると私は思う。私たちができるのは、次のようなことだ。

1．とにかく自分を改善するもの。
2．自分をほとんど変えないもの。
3．とにかく自分をダメにするもの。

　ほとんどどんな活動についても、私の言わんとすることが当てはまると思う。読んでいる本や、つき合っている友人や、就いている仕事など、いくらでも例は挙げられる。選択の仕方によって、自分が改善されることもあれば、ダメになってしまう場合もある。

たいていは、どっちつかずの状態に落ち着くだろう。毒にもならなければ、薬にもならないというものだ。可もなく不可もないという人生を送ることに、何か意味があるのだろうか？

　毎日の生活の中で、誰でも10回以上は選択の機会があるだろう。何を食べるか、新聞のどの記事を読むか、会話中にどんなことばを使うかなど。選択の多くは無意味なもののように思えるが、それを全部つなげていくと、その人の生活の質を計ることができるのである。
　目盛りの下のほうは、ドラッグにふけったり、テレビばかりを見たり、悪しき習慣のために盗みを犯し、身を貶めてしまう人たちの生活を示している。一方、目盛りの上のほうにいる人たちは、私にもどんな人なのかよくわからない。リムジンを乗り回す金持ちや、山中にこもっている聖人を思い浮かべてみても、どうも違うようである。

　私たちのほとんどはその中間にいて、**質の高い経験と中立的な経験とが混ざり合った生活を送っている**。そして、自分の害になることはするまいとしながら、なんらかの形で自分を傷つけているのである。選択によっては、人に先んずることもできるとわかっていながら、よりよい選択をするための意志の力が必ずしも備わっているとは限らない。
　これは興味深いことではないだろうか？　**最善の選択は、得てして最も厳しい選択となる**。多くのエネルギーが必要とされるからだ。また、最悪の選択には、簡単に断ることができるものが多い。それは、恐怖を感じさせるものだからである。
　ところが、最悪の選択を経験して、それが楽しいとわかったときに、最悪の選択には私たちを引きつけるものすごい力が生まれる。中立の選択とは、ちょっとした仕事をするのと大差なく、誰もがしたいと思うものである。比較的簡単にでき、無害なものだ。エネルギーはそれほど必要としないし、自分が傷つく恐れもない。

誰にも等しく与えられたものがあるとすれば、それは一日の時間である。自分に割り当てる時間を決めることは（間違いなく）誰にもできない。けれども、与えられた時間をどう過ごすかは決められる。
　前にも書いたが、長い時間働けば働くほど、成功の可能性は大きくなる。どんなに野心に燃え、熱心に仕事に取り組む人であっても、一日に少なくとも２、３時間は、楽しみのために何かをする必要があると思う。仕事に関係のない何かを。

　問題は、「その『何か』とは何であるか」ということだ。
　最善の、つまり、自分を改善してくれるような選択は、極上の選択（金）である。中立の、つまり、ただ時間を過ごすためだけの選択は、可もなく不可もない選択（蒸気）である。最悪の、つまり、自分に害を及ぼす選択は、害になる選択（酸）である。
　金、蒸気、酸をどのように選ぶかは、自分次第だ。
　私自身のよい選択、悪い選択、中立的な選択について考えてみると、３つの選択には次のような特徴があることがわかる。

極上の選択（金）

　私にとって最高の経験は、知性を試されたり、感性に訴えかけられたりするような活動であることが多い。多くのエネルギーが要求されるものであるため、自分に活力が足りないようなときには、尻込みしてしまう。いざその経験に入り込んでしまうと、エネルギーが湧いてくるから、たやすく長く続けられるようになる。そのような活動を経験しているときには、とてもよい気持ちになり、自分の時間の使い方に納得することができる。

可もなく不可もない選択（蒸気）

　これらの活動は、入り込むのも簡単だし、続けるのはもっと簡単である。可もなく不可もない選択は、自分で選ぶ気にならない場合に行う選択である。どれだけ時間を使おうが、あまり気にならないときにする活動だ。このどっちつかずの蒸気ゾーンは、ポーカーとシットコムと噂話にあふれた、幸福な中立地帯である。

　私が休みたいと思うときは、まず可もなく不可もない活動をしたいと考えるのが常である。「一日中一生懸命働いた」から、自分のペースを落とすために、頭を使わなくてすむ単純なことをしたいと思うのだ。どっちつかずの蒸気ゾーンに入り込むのはたやすい。そしてそこにとどまることはもっと気楽だ。

　可もなく不可もない活動の大きな問題は、私にとっては非常に大きな問題なのだが、活力が湧いてくるどころか、無気力にさせられ、空虚な気持ちになってしまうことにある。可もなく不可もない活動は、可もなく不可もない食事（満腹感の得られる食べ物など）のようなものだ。腹は満たされても、疲れ切ってしまう。

害になる選択（酸）

　人は誰でも欠点を持っている。いつだったかもう記憶にないが、私にもその欠点が一通りそろっていたことがあった。コカインこそ吸った経験はないが、それ以外の、自分の体や能力を損ねるようなことをたくさんしてきたものだ。

　なぜそんなことをしてしまうのか、想像するほかないのだが、たとえば、自分に障害を課して、そこから立ち直るような難題に取り組む必要があると

思うのだろう。理由はともあれ、このような選択を行った結果は、だいたい同じである。

　ほとんどわからないほどの苦痛を感じながらダラダラと快楽にふける。強烈な楽しみでさえも、頭がボンヤリしているからよくわからない。とても楽しい思いをしているような気がするのだが、どうもハッキリしないのだ。害になる選択を実際に経験してみると、その後に感じる気持ちははっきりしている。害になる選択は悪い選択ということだ。

　害になる選択の興味深い点は、興味を引かれてしまうところにある。よい選択であるとは、誰も言わない。ただ、ほかの選択ができないくらいに弱っているときには、害になる選択をしてしまう。そして、わずかに残った意識の中で、自分が破滅への道を歩んでいることを正当化しようとするのである。

時間活用するためにするべきこと、すべきでないこと

　私たちは、自信と気力に満ちあふれた、最高の状態にあるときには、ほかに気をとられることなく、すぐに極上の選択をすることができる。まあまあの気分のときには、害になる選択こそしないが、可もなく不可もない選択を差し置いて極上の選択をするのが難しくなってくる。無気力で、疑心暗鬼に陥っているような、最悪の状態にあるときは、害になる選択を最もしてしまいやすい。

　極上の活動（金）とは、次のようなものである。
- 瞑想。
- ヨガ。
- 教育的で感動的なドキュメンタリー番組を見る。

・複雑で、高揚感が呼び起こされる音楽を聞く。
・美術鑑賞。
・本当の名作映画を見る。
・本当の名作を読む。
・ベッドで愛し合う。
・高級ワインを味わう。

　可もなく不可もない活動（蒸気）とは、次のようなものである。
・メッセージを送る。
・スポーツのイベントに出かける。
・『The Office』や『CSI』や『ザ・トゥナイト・ショー』などの、「娯楽」のためのテレビ番組を見る。
・浜辺で読むような、あっという間に終わる小説を読む。
・ロック音楽などのムード音楽を聞く。
・セックスをする。
・ビールやウィスキーを飲む。

　害になる活動（酸）とは、次のようなものである。
・酔いつぶれるまで酒を飲む。
・ラップ音楽を聞く。
・『ジェリー・スプリンガー・ショー』や『全米警察24時～コップス』や『The Bachelor』などの、下品でばかばかしいテレビ番組を見る。
・口に出すのもはばかられるようなことをする。

　ここに挙げた例には納得がいかないという人もいるだろうと思う。心配する必要はない。自分のリストは自分でつくることができる（むしろそうすべきである）が、その場合、次の点を考慮してもらいたい。

極上の活動を選ぶと……

　ここに含まれる活動や経験は知性が試されるものだ。知る価値のあることを学び、覚える価値のあるスキルを身につけられるものである。

　極上の活動によって、感情が豊かになる。以前にはわからなかったものを理解し、目を背けていたような経験や状況に対して共感を覚えるようになる。

　極上の活動によって、活力が増してくる。経験することそのものによって、精神的、感情的、知的な面で変化が生まれ、そのおかげで、力や忍耐が備わってくる。

　極上の活動によって、選択の楽しさが生まれる。何かを経験している間や、経験した後には、正しいことを行っているという意識が強まる。

　極上の活動によって、自信が湧いてくる。自分自身が向上していることがわかるから、極上の活動を選択することによって、将来にわたって賢い選択ができるという気分になってくるのである。

可もなく不可もない活動を選ぶと……

　ここに含まれる活動や経験は、知性や感情が試されるということはない。気楽に楽しめるようなものだ。これから面白くなるという前に終わってしまうものなので、何度やっても必ず同じように楽しむことができる。

　可もなく不可もない活動は、能動的というよりは受動的な活動であることが多い。たとえば、演劇を観に行くのではなく、TVを見る。ヨガをするのではなく、マッサージを受ける。高級ワインを味わうのではなく、ビールのがぶ飲みをする。

　可もなく不可もない活動は、習慣になりやすい。気分がよくなる（中ぐらいのエネルギーを使うだけですむ）し、簡単にできるものだから、いつの間

にか、何度も繰り返しするようになっている。

　可もなく不可もない活動は、度を超すと害になる。でんぷんや脂肪をとりすぎるにしても、カウチに座ってテレビを見るにしても、ほんの少しであれば、害にはならない。それがあまりに多くなると、時間のムダ遣いをしたという不快な気分に襲われる原因になるのだ。

害になる活動を選ぶと……

　ここに含まれる活動や経験は、肉体的にも精神的にも害を及ぼす。脳細胞が破壊されることが多く、ガンが発症する原因となる場合もある。

　自分にとってよくないとわかっていながら、つい引き込まれてしまう。魅力的だと思った経験によって、自分を見失ってしまうようなものだ。

　害になる活動は、悪い友人を引き寄せる。健康な状態にある人ならばそういう活動には手を出さないので、別のタイプの友人と一緒になってすることになる。そしてついには、害になる活動を「理解する」ことができない友人や家族を遠ざけてしまう。そういう人間は、頭が固くて、古臭い考えの持ち主だから、自分の人生にとって必要ないと思うようになってしまう。

　害になる活動は、知性の面でも、感情面でも、肉体面でも、人をダメにする。刻一刻と、込み入ったスキルや、複雑な知性や感性を要する問題に取り組む能力が失われていく。害になる活動が度を超してしまうと、どのようなことでも最高の仕事を成し遂げることができなくなる。

　害になる経験は、際限もなく広がっていくものだ。最初は夢中になっていても、そのうち物足りなくなってしまう。多いほどよいというのは、誤った考え方なのである。

選択の仕方を変える

　金、蒸気、酸。それぞれの活動のリストが完成したら、それを使って自分がどのように時間を使っているかを確かめてみよう（日記にメモを残しておくとよい）。自分の時間の使い方を見て驚くかもしれないし、ガッカリさせられるかもしれない。

　自分のリストをつくり、自分の生活を記録する。そして、今すぐによりよい選択ができるようになれば、一体どのようなことが起こるだろうかと、自分に問うてみる。

　その一方で、私は、家にケーブルテレビを引く計画を妻に告げなければならない。そのときには、次のような私の懸念も伝えるつもりである。

・テレビの前に釘づけになりはしまいか。
・害になるような番組を見るようになりはしまいか。
・可もなく不可もない番組を見るようになって、極上の選択に使う時間が減りはしまいか。

　妻の言い分はきっとこうだ。自分が好きな番組を３つか４つ録画しておいて、ステアマスター（訳注：トレーニング用機器の一種）をしながら見ていれば、それで十分。そしてこう言うだろう。「したいようにしてちょうだい。私はちっとも気にしないから」。実際そうなのだと思う。自分の時間を使って、極上の選択をするか、可もなく不可もない選択をするか、害になる選択をするか。それを決めるすべての責任は、自分が背負うものなのである。

　あなたならどうする？

行動に踏み切れない
3つの理由

　私が、教育プログラムを販売する事業を最初に始めたとき、頭金なしの不動産ローンで有名な人物から「私のコースの参加者の一番の望みは、何だかわかるかね」と尋ねられた。

　内心では、変な答えをしないようにと思っていたが、思い切って「不動産投資で成功することですか？」と言った。

　その人は、「君はまだまだ修行が足りないね」と笑った。

　私は、「それでは、顧客の望みはなんですか？」とさらに食い下がった。

「行動しないことさ」

「おっしゃることの意味がよくわかりません」と言うと、その人は丁寧に答えてくれた。

「私のコースに参加している人や、君のプログラムを買おうとする人のほとんどは、自分は成功の道を歩んでいるんだという気分を味わいたがっている。ところが、その道を終わらせたくはない。旅をするのは好きだが、目的地に着いてしまうのは怖いのだ」

「どうしてそうなるんですか？」と私は聞いた。

「実を言うと……」とその人は答えた。

「私にもわからない。ただ、これだけは言える。不動産について学ぼうとする人たちは、成功に必要な知識を身につけても、外に飛び出していって仕事に生かそうとはあまり考えない。たいていは、さらに多くのプログラムに参加するだけだ。私たちからプログラムを買わなくても、ほかの誰かから買うだろう。となれば、そういう人たちのために、追加のプログラムを売ればいい」

「何だかガッカリさせられますね」と私は言った。

「うちの顧客に君が何かを売るとしよう。その顧客は、不動産についてのコースを修了し、不動産投資で利益をあげる準備もすっかり整っている。こ

こで、仕事を始めるか、次のコースに手を出すかの岐路に立たされるわけだが、その顧客は、何と別のコースを買うんだよ」
「失敗するのが怖いんですか？」
「そうかもしれない」
　その人は答えた。
「成功してしまうのが怖いのかもしれない。だが、さっきも言ったとおり、私にはわからないね」

　そんなやりとりがあってから、私は「スタートを恐れる」問題についていろいろと考えた。何十冊もの本を読み、同僚たちと議論をし、顧客たちに質問をぶつけてみた。人が行動を起こさない理由については多種多様な理論があるが、私が特に納得できたのは次の３つである。

・**自信がない**
　人生で成功を味わったことのない人は、たとえ成功を収めるための準備がすっかり整っていても、自分が成功できるとは思えない。

・**痛みを避けたい**
　行動を起こすことは働くことであり、働くことは苦痛を伴うものだと考える人がいる。そういう人のほとんどは、自分が重要だと思うことを仕事にする喜びを経験したことがない。

・**怠惰**
　働くことへの不安を別にすれば、人間というものは怠けがちになるものである。怠けるとは、自分がしたいと思うことを、最小限の努力でやろうとすることを意味する。人によっては、もっと楽な道があるだろうと思って、行動に移そうとしない。

　これらが、多くの人が準備ができているのに行動を起こそうとしない主な

理由だとすると、どんな解決策があるだろうか？

　不思議なことは何もない。行動学者であれば、人間の行動を変えるには、正の強化を与えて動機つけを行えばよいということを知っている。B・F・スキナーが行った「A Brief Survey of Operant Behavior（オペラント行動に関する概略調査）」から引用する。

　行動がそこから得られる結果によって影響を受けるということは、以前から知られている。たとえば、賞罰を与えることで、その人は異なる行動をとるようになるだろう。（中略）オペラント強化は、行動型を形づくるだけでなく、オペラントが形成された後で長い期間にわたってその行動型を維持する。強化の時間は、行動を維持管理するうえで重要なものである。ある反応について、5分ごとに1回だけの強化を行うと、たとえばラットの場合では、強化後すぐに反応を止めるが、次に強化のためのアプローチを実施した場合には、さらに反応が早くなる。（中略）強化子には、正の強化子と負の強化子とがある。正の強化子は外向的な傾向を、負の強化子は内向的な傾向を強める。負の強化は罰ではない。強化子は常に行動を強めるものである。これが「強化」の意味するところである。

　正の強化は、私の人生の大部分を占めるものだ。成果が大きくても小さくても、自分に対して常に褒美を与えてきた。私は、自分が望む行動に褒美を伴わせることで、将来的に、同じ行動を再現できる可能性を高めている。

　私が初めて自分の人生の「マスタープラン」を立てたとき、自分に対してどんな褒美を与えるかについて考える時間が必要だった。すべての目標に対して、ありとあらゆる褒美を考えたのだが、それでうまくいったものもあれば、そうでないものもあった。

ちょっとした楽しみを
仕事の褒美にする

　成功を収めた人たちの話の中には、大きな成果に対して大きな褒美を与えるのがよいというものがある。たとえば、最初に100万ドルを稼いだときには、褒美として自分用のスポーツカーを買う。

　そのような大きなゴールは、私向きではなかった。というのは、そういうゴールはとてつもなく先の話だったからだ。私にとって動機づけとなるのは、短期間で達成できるゴールである。短期間のゴールであれば誰にでも向いていると私は思うのである。

　何年もかけて、私は自分に最も適した褒美のシステムを考え出した。それは次のようなものである。

・前にも言ったとおり、毎日の課題リストから課題を1つ終わらせたときに、その課題を削除する（あるいは、表示色を変える）ことで、成果の「印」とする。このちょっとした印が、アドレナリン注射のような効果を生む。次の課題に取り組むために、私を元気づけ、活力を与えてくれるのである。
・オフィスで働いている間は、ゆで卵用タイマーが鳴ったら椅子から立ち上がり、部屋の中を歩き回ったり、1、2分背中を伸ばしたりする。30分から1時間くらいの時間は、特に執筆をしているときなどには、すぐに過ぎてしまう。そこで、30分から1時間は、ほんのわずかの時間であるように思える。
・毎朝の短距離走のとき、自分への褒美として、10分から15分のヨガをする。ヨガは、人によってはエクササイズの続きのようにも思われるが、私にとっては、短距離走よりもずっとリラックスした気分になれる褒美だと考えている。
・正午の柔術が終わった後、おいしいプロテインシェイクを飲む。
・夕方の6時半には、ノートパソコンを持ち、通りを歩いてシガーバーに行

く。私はそこでさらに1時間ほど執筆をしている。店に入ると、エスプレッソと水が出されるが、これが楽しみだ。仕事はまだ続いているが、場所を変えることが自分への褒美になっている。
・シガーバーで1時間くらい執筆をした後で家に帰ることが自分への褒美である。高級ワインを開け、妻と夕食を楽しむ。
・夜も仕事をするときには、終わった後で良書を読んだり、映画を見たりすることが自分への褒美である。
・毎晩の自分への褒美は、上等のベッドに潜り込み、絹のように滑らかなシーツと、私の頭にぴったりと合った枕の上で休むことである。

　おわかりのとおり、どの褒美もごくありふれたものだが、褒美とはまさしくそうしたものだ。**褒美というものは、大がかりなものでも、特別なものでもなく、ただ楽しむためのものであるのがよい。**
　ストレッチとか、プロテインシェイクとか、よい本を読むといった小さなことを、ごく普通に起こる日常生活の一部とみなすことは簡単だろう。違った見方をして、自分が願う、特別な行動に対する、楽しい褒美だと考えれば、十分な動機づけとなってくれる。

　ここが重要な点だ。自分の生活の中のちょっとした楽しみを、行動を変えるための褒美として利用するのである。ちょっとした楽しみが、実は天からの授かり物だとわかれば、簡単にできることだろう。正直に言うと、そんな楽しみがあって、あなたは幸福だと思う。楽しく、実用的に取り組んでほしい。

シンプルで満ち足りた生活を送る5つの戦略

　8年ほど前のことだが、私はちょっとした経験をした。私は、世界のどこ

からでも事業を行うことが可能かどうか確かめたいと思っていた。そこで「ワーキング休暇」と称して、家族を連れてローマ（私の大好きな街の1つだ）へ6週間の旅行に出かけた。そしてローマでも（ついでに言えば、ほかのどこの街でも）仕事ができることがわかっただけでなく、それよりもずっと重要な効果があることに気づいたのである。

　ローマでは、自分の国にいるときの、非常にストレスがたまる日常生活とは完全に切り離されていたから、生活をシンプルにする方法が身についた。生活をシンプルにすると、多くの金を稼ぐことも、成功を存分に味わうこともできなくなるし、ビジネスマンとしてのほとんどの仕事の効率が低下するだろうと思っているなら、考え直してもらいたい。

　生活をシンプルにすることには、よいことばかりで、悪いことはない。情熱が湧いてくる。さらに意義深い仕事ができるし、人間関係も広がる。こうした素晴らしいものが、不満の多い日常の仕事、自分を破滅へと追いやる習慣、エネルギーのムダ遣いでしかない感情など、自分にとって害になることを捨て去ることで、もっと手に入るのである。

　仕事の面で人生をシンプルにするための方法を1つお話したい。私の提案を取り入れれば、生産性が高まるだけでなく、神経をすり減らすような対立を避け、内面的な平穏を得ることもできる。

　私たちのほとんどは、日常生活の中で無意味な忙しさにかまけて、大きな成果を成し遂げる余裕がない。そういう人々は、忙しさこそが生産性の高さを意味するものだと誤解しているのである。上司や、配偶者や、子どもたちなど、ほかの人のことを優先し、その結果、泥沼にはまって、身動きがとれなくなってしまう。

　時間の足りない中で、あまりにも多くのことを抱え込もうとし続けると、自分の人生をコントロールできなくなってしまう。常識に反するように聞こえるかもしれないが、自分の生活を取り戻すための唯一の方法は、次のことを身につけることである。

・複雑なことをシンプルにする。
・浪費をやめる。
・この2つの違いを知る。

　たとえば、私がよく陥った罠の話をしよう。従業員同士のもめごとの仲裁にかかわることである。人が仲よくやっていくことは、仕事のうえで重要か？　そのとおり。特にもめごとが起これば、たいてい仕事がうまく進まなくなる。
　では、仕事の手を休めて仲裁に入るのはあなたの責任か？　それは違う。従業員を非生産的なことにかかわらせたくない場合、その方法は適切ではない。
　それでは、仲裁に入らなければと思ったときにはどうすべきなのか？　もめごとの当人たちに、君たちは頭脳明晰で能力もある人間だと言って安心させる。そうでなければ、雇われていなかっただろうから。
　そして、2人の間だけで解決する方法を見つけられると確信していることを告げる。仲よくやっていけなければ、お互いに居心地が悪いだけでなく、チーム全体にはもっと迷惑をかけることになると、わからせるのである。

　何時間もかけて問題の解決を図るのは、自分の優先事項とはなんの関係もないことだ。相手に自信を持たせるとともに、自分が支えていることを知らせ、問題解決のために最善の努力を払うよう期待するのに、10分間もあれば足りる。おそらく当事者たちはいささか決まりの悪い思いもするだろう。グループのほかのメンバーも居心地がよくないと思うからだ。
　シンプルさを求める代わりに、自分と関係のない状況にかかわり、常にメールのチェックに追われ、要領を得ない会議に出席し、誰も見向きもしない長い回覧を書き続ける限りは、自分の時間や関心を利用する能力を手にすることなどかなわない。生涯かけて成し遂げようとしているすべてのことについては、なおさらである。

優先順位を決めるための
3つの質問

　次に、コントロールを取り戻すために必要なことを紹介しよう。これを私は、「シンプル命令」と呼んでいる。

確かなビジョン

　プロジェクトの管理をする場合でも、会社を経営する場合でも、毎日のスケジュールに取り組む場合でも、全体像を確実に把握しておく必要がある。さらに、自分のビジョンをほかの人に対して簡潔明瞭に伝え、ビジョンに反するのではなく、支援する方法を探る手助けができなければならない。ビジョンが不明確だと、周囲から攻撃を受けやすくなる。自分の時間や関心が散漫になり、焦点を失ってしまうことになる。

明確な優先事項

　当然のことながら、優先事項はビジョンから生まれる。**ビジョンとはすなわち、重要なことを知り、それだけを行うこと**である。そうすれば、ゴールへの到達が遅れていると気づいたときに、問題を発見しようとあれこれ目を向ける必要がなくなる。こういう場合はたいてい、優先事項に気が回らないために、時間がコントロールできなくなるのである。

毎日の鍛練

　人間に与えられた、最も重要な、限りある資源とは、時間であると思う。時間を浪費すれば、もう取り戻すことはできない。ビジョンに基づいてつくられ、優先事項に従って進められる毎日のスケジュールを守ることは、個人の自由を手に入れるための確かな道である。簡単なように思えて、実はそうではない。そして、それができなかった人のほとんどは、代償を払うことになる（極めて重大な疾病はストレスが原因で発症するという話は、驚くには当たらない）。

　毎日の課題リストを編集するときに、次の３つの質問を自分に問いかけてみてほしい。

1.「これは、人に任せてしまってもいいものか、あるいは、捨ててしまってもいいものか？」
2.「これを半分の時間でする方法があるのではないか？」
3.「これは、本当に自分の人生をよりよく、豊かに、満たされたものにしてくれる目標に関係しているものか？」

　前にも言ったとおり、毎日の優先順位を決めるときには、最も重要な課題、つまり、個人の長期的なマスタープランにとって必要不可欠な課題を強調する。一日にこなせる課題の数には限界があるとわかっているから、まず優先順位を決めるのである。
　２つのうちどちらを優先させるかを決めるときには、「２つのうちどちらが、一生を終えるときに自分にとってより大切だと思えるものか？」と自分に尋ねてみるとよい。
　すべては経済性の問題である。全体的な仕事の数を減らしつつも、より重要なことから片づけるようにする。

優先事項を決めるうえで役立つことはほかにもある。パレートの法則によれば、**私たちがしていることの20％によって、私たちがしたいことの80％が達成される**そうだ。そこで自分に聞いてみてほしい。
「私の目の前にある仕事のうち、その20％に含まれるのはどれか？」
　自分の生活をシンプルにするためには、自分が心から満足できるようなことをして、否定的な気分になったり、まったく報われなかったりするようなことは、しないようにしなければならない。悪いことはせず、よいことをする。ゴールを決め、時間の使い方を計画するときには、これを心に留めておいてもらいたい。

　自分の時間をコントロールする力を手にすることが、まさに成功の秘訣である。そうすれば、これからの人生、成功のバラの香りをかげるようになることだろう。

感謝の気持ちが 成功を引き寄せる

　子どもだったころの私は、感謝するという気持ちに欠けていた。何かというと、ものを欲しがった。それも、たくさんのものをである。
　おもちゃのトラックや拳銃とか、ライオネル社の鉄道模型とか、野球のミットとかを欲しがった。兵隊の人形や、模型飛行機やエレクター・セット（訳注：建築現場の鉄骨を真似た組立おもちゃ）も欲しかった。テレビで男の子向けのおもちゃの宣伝を目にするたびに、あれが欲しい、これが欲しいと言った。ほかの子たちが学校に持ってくるものは、たとえば紙袋に入れたピーナツバターとジャムのサンドイッチではない、肉をはさんだサンドイッチのランチボックスなど、なんでも欲しがったものだった。
　７人のきょうだいと押し合いへし合いして育ったぼろ家を出て、きれいな

家に住みたかった。同級生たちのように、新しい自転車に乗り、新しい服を着て、ちゃんとした床屋に頭を刈ってもらいたいと思っていた。

　最初に書いたとおり、なんでも欲しいと思ったのだ。感謝の気持ちを持つ余裕などありはしなかった。

　ここまでを、よく覚えておいてほしい。

　そんな私が本当にありがたいと思ったのは、クリスマスのときにブルース・コンガーの家族が、箱いっぱいに古着を詰めて持ってきてくれたことだった。ブルースは、7年生の中で一番身なりがきちんとしていた。年が明けて、ブルースの服を着るようになった私は、少なくとも自分ではそう思っていたのだが、一番かっこいい7年生になったのである。オリーブグリーンの細身のズボンは、指が切れそうなくらいに折り目が利いていた。黒光りした靴は、ソーダの缶に穴が空けられるくらいに先が尖っていた。空色の靴下は、なんとカシミア製だった。なんてかっこいいんだろう、と私は思っていた。

　それから2年後、祖母のジーン・カーが、賭けで勝った金を半分くれたときにも、ありがたいと思った。大当たりだったわけではないが、新品のビリヤードキューを買うくらいの額はあった。私はそのキューを抱えて、ロックヴィルセンター・キュークラブに通ったものだった。

　高校の最終学年のとき、ジョーンズ・ビーチで荒波にのまれ、岸まで泳いで戻ろうとして疲れ切って、自分はもうダメだとあきらめたことがあった。ありがたいことに、潮の流れに乗って桟橋まで運ばれて、無事に陸に戻ることができたのである。当時の私は宗教的な信仰心はもうなくしていたものの、こればかりは心の底から感謝した。

　とはいうものの、前にも言ったとおり、私の感情的なエネルギーのほとんどは、何かを欲しがることに使われていたのだった。

　高校を卒業したとき、ベトナム戦争のために徴兵されなくてよかったと

思った。地元の徴兵委員会から電話があり、徴兵のために軍に出頭するよう言われたのだが、それきり電話はかかってはこず、連絡もなかった。私のファイルはなくなってしまったのだろう。今ごろそのファイルが見つかったとしたら、私は陸軍最年長の新兵になるかもしれないと、ときたま思うことがある。

　大学に入学して、私は学べることに感謝するようになった。そして、自分が出会った素晴らしい先生たちに感謝することを覚えた。ハリエット・ジンズ先生は、詩について教えてくれた。リリアン・フェイダー先生のおかげで、文章を書くことの面白さを知った。この２人は、私の一番の恩師である。

　大学を卒業し、大学院を終えた後、平和部隊で２年間を過ごした。アフリカにいたとき、しっくい塗りの泥の家の玄関先に腰を下ろして、雨がしたたり落ちるのを眺めていた。「いつかは金持ちになるかもしれない。でもそのときには、こんなに愉快な思いができる家に住むことはないだろうな」と私は思った。

　あのアフリカの家にも、私は感謝の気持ちを抱いている。私の生徒たちの多くが掘っ立て小屋に暮らしていたのに、私には特別に家が与えられた。感謝の気持ちを抱いた自分にも感謝した。**感謝することがどんなに気持ちよいことなのか**、私はわかり始めていた。

　アメリカに戻ってから私は結婚した。そして、息子たちが生まれるごとに感謝した。息子たちが全員健やかに育ったことにも感謝したい。毎週日曜日に、息子たちを連れてワシントンD．C．の16番ストリートを歩き、ズラリと並ぶ大邸宅を眺めて回ったときにも、感謝の気持ちが湧いてきた。こんな豪華な家をうらやましいと思ったわけではない。こうやって眺めていられるだけで、私には十分だったのだ。

　1982年に私たち家族はサウスフロリダに居を移し、そこでニュースレターを発行する小さな会社に就職した。幸運なことに、私は編集部に配属され

た。作家になるという、私が長い間目指してきたゴールへと続く道を歩むことになったのである。

　ところが2年後、私は別のことを考えた。作家になることから、金を稼ぐことに、自分のゴールを変えたのだ。ところが、自分のゴールを変えたときから、私は感謝することを止めてしまった。

　これは興味深い経験だった。金を稼ぐのが刺激となり、感情的なエネルギーがすべてそのために注ぎ込まれた。今になって思うと、あのときの私が、またしても何かを欲しがることに心を奪われたのは明らかである。収入を高くしたい。銀行預金を増やしたい。新車に乗りたい。ローンの心配がない家に住みたい。そういうものを欲しがっていたのだ。

今すぐ
あなたが
感謝したい人の
リストをつくる

　当時私は、大金を稼ぐためのヒントやテクニックを数多く書き残したが、金で買ったものに対して、どれほどありがたみを感じていなかったかという話はまったくしたことがない。なぜなら、自分が大金を手に入れるのは当然だと思っていたからだ。欲しいものが手に入ると、すぐに次のものが欲しくなるというありさまだった。

　50歳になったとき、富を手にすることは、自分にとって一番のゴールではないと気がついた。富を追求することで、私は多くを学ぶとともに、多くのことも失ってきた。そればかりか、感謝する能力のかけらさえもなくしてしまっていたのである。

　何かを欲しがっていた数年間、私が魂をすっかり失くしてしまっていたわけではないことに、今は感謝している。確かに、今は金の心配をしなくてもよいから、そうした気持ちになるのがずっと簡単だというのはわかってい

る。それでも、このように自分を変化させられたことに感謝しているのだ。
　といっても、私は精神的なことにしか感謝していないわけではない。物質的なものに対しても、私は喜んで感謝の気持ちを表したいと思う。17年前に買ったホンダのNHXにも、8年前に手に入れたフォードのレンジャーにも、ありがたいという気持ちがいっぱいである。着るものにも（着心地がよい服）、ビリヤードテーブルにも（オフィスにおいてある）感謝しているし、今住んでいる家からは、30年前にアフリカで住んでいた泥の家と同じくらいの喜びを感じている（そう思えないとしたら私が間違っている）。

　ところで、妻と私が感謝したいことについて話をするときには、決まって次の3つがベスト3として挙げられる。

1．私たち家族が生きて暮らしていることに感謝している。
2．私たち家族が健康なことに感謝している。
3．多くの友人がいることに感謝している。

　私が個人的に感謝しているのは、まず仕事時間のほとんどを執筆に費やせることだ。これは、私が最初に抱いた、最も大切な人生のゴールだったが、「アーリー・トゥ・ライズ（ETR）」の40万人の読者のために文章を書けることには、特に感謝したいと思う。
　さて、あなたのリストは、どうなるだろうか？

落ち込んだときは感情を切り離す

　1カ月ほど前に、私の3番目の息子（三男）と初めてゴルフをしに行った。楽しい午後になるだろう、新鮮な空気を吸い、日差しを浴びながら、男のことを理解していない女だったらばかばかしいと思うような、父と息子の

会話を楽しめるだろうと思っていた。

　その日の午後は、想像していたとおりに始まった。太陽は輝き、芝は青々としている。ホットドッグを食べ、葉巻を吸い、準備を整えた。ところが、最初のティーで事態は一変した。少なくとも三男にとっては、最悪の展開となったのだ。

　三男はゴルフ初心者である。コースを回ったことは５回もないだろう。長いドライブや巧みなチップや正確なパットをしようと懸命になっている。だから、ボールがあらぬ方向に飛んでしまうたびに——ほとんどの場合そうなってしまうのだが、息子は自分に腹を立ててしまう。

　自分が打ちたいようなショットではなかったかもしれないが、とにかく三男はボールを打ち続けている。その姿に感心して、私は「私がゴルフを始めたばかりのときより、ずっと上手だよ」と言った。

　だが、三男の気持ちは収まらなかったらしい。第９ホールまで行ったところで、精神的にまいってしまった息子は、もうプレイしたくないと言い出したのだ。
「ムダだよ」
　息子は不機嫌そうだった。
「僕にはできっこない」
　三男が、自分のプレイのまずさに腹を立て、それからふさぎ込んでしまった様子を見ていて、私は、つい２、３年前までの自分を思い出していた。私が40年間も経験してきたことを、今度は息子が繰り返すことになりはしないかと思って、ゾッとした。家に帰る途中、私は息子に、憂鬱な気分になりがちなときの対処法を１つ、話して聞かせた。今日は、その話をここで披露しようと思う。

　気分がよいときには、どんなことでもできるだろう。腹を立てているときや落ち込んでいるときには、エネルギーも集中力も低下して、生産性もがた落ちになってしまう。

憂鬱な気分は仕事上のスキルを鈍らせてしまう。評判を損ねることもある。収入や財産を失うことにもなりかねない。配偶者や、子どもや家族、昔からの親友との関係にひびが入ることもある。落ち込んでいるときには、ささいだが素晴らしい瞬間がすべて奪い去られてしまう。父親と一緒にゴルフコースを回るというような、人生を素晴らしいものにしてくれる瞬間をだ。
　憂鬱な気分は楽しみを奪ってしまう。時間も奪われてしまう。そして、手元には何も残らない。

　私の２人の友人は、職を失い、収入が得られなくなって、ひどく落ち込んでいたときがあった。２人とも、金を稼ぐ手腕についてはそれなりの自負を持っていたが、これこそが、企業家の多くが犯す過ちなのである。
　そういう人たちは**金銭的にかなりの苦境に陥ったときに、自分の責任でないにも関わらず、自分が失敗を犯したと感じる**。私は、そのような罠に落ち込まないためには、**収入とは関係のない、個人的な価値観といった、本当に重要なものに基づいて行動する**ことだと助言した。

　ほかにも、多くの人が絶望に陥ってしまうときに共通して犯す過ちがある。三男がゴルフをしているときに犯したのもそれだ。この問題の解決法は、理解して実践するのがちょっと難しい点を、あらかじめ警告しておこう。私の説明に必ずついてきてもらいたい。一度「わかって」しまえば、たとえどんなに困難な状況におかれたとしても、肯定的なものの見方を保つのに苦労しなくなるだろう。
　私からは、「感情の切り離し」のスキルを身につけることをお勧めしたい。もっと具体的に言うならば、到達できるかどうかを気にせずにゴールを決めて、それを追求する能力を身につけろということなのである。
　このことを私は、つい６年から８年くらい前に学んだ。そして、思い出したように実践してみた。年を重ねるごとに、スキルは磨かれていった。前よりも楽しくなり、自分の人生をコントロールできるようになってきた。最も重要なことは、自分が新しく見出した幸福を、ほかの人に伝えられるように

なったということである。

無限の富と健康、幸福を
もたらすもの

　ほとんどの人は、感情の切り離しといわれると、無関心とか無感動とかを意味していると考える。それはまったく違っている。**感情の切り離しによって、神経質なほどのこだわりから解き放たれ、自分のエネルギーをほかの人やほかのことなど、今この瞬間のことに向けられるようになる。**

　ここで一番ふさわしい例は、母親が子どもに向ける自然な愛情だろう。子どもが幸せだと感じているときは、母親も幸福感を味わっている。子どもが不幸せだと感じているときは、母親は本能的に、できるのならば子どもが不幸になっている原因を突き止めて、不幸を感じないようにしたいと思う。

　物理的な原因によって子どもが不幸を感じていると気づいたときには、母親は、その原因を取り除こうとする。心の中の葛藤が原因であるならば、その感情に対処するための方法をできるだけ伝えようとする。

　母親のゴールとは、例外なく、子どもに独り立ちする準備をさせることだ。母親は、子どもが自分に依存している状態から次第に抜け出していくまで常に気を配り、いつかは外の世界に飛び出して、実り多い幸福な人生を送れるように努める。

　あれもこれもダメだという母親に向かって、11歳の子どもが「大嫌い」と言うことがあっても、（心が穏やかな）母親であれば平然としていられる。どんなに傷つくようなことを言われても、母親は子どもを愛しているから、そういうことばに悲しむことなく、穏やかな気持ちを保っていられる。自分が子どもを大切に思っていることを伝え、子どもに「大嫌い」と言われても、ダメなものはダメだと言い聞かせる。言い換えれば、母親は、子どもが怒りに任せて言ったことに対して、感情の切り離しをしているのである。

あなたが親であれば、私の話を理解してもらえるだろう。たいていの親は、自分の子どもに対して、ほとんどいつも感情の切り離しのようなことを行っているのである。子どもたちから認めてもらいたいという感情的こだわりがあるために、それができない親もいる。

このような親たちは、子どもにとっての「親友」になりたいと思っているが、子どもから反抗されたとたんに、そんなルールは捨て去ってしまう。ときにこのような親たちは、危険な行為に目をつぶってしまうことさえある。

感情の切り離しというスキルは、すべての人間関係において適用可能なものである。上司や仕事の同僚に対しても、配偶者や自分の親に対しても有効だ。また、切り離しは、どんな課題や問題に対しても当てはめることができる。そこから得られる結果は、いつの場合でも、冷静かつ明解なものである。

さて、三男の話に戻るとしよう……。

私がゴルフを始めたときも、三男とまったく同じようなありさまだった。つまり、ショットの結果ばかりに気をとられていたのだ。ティーショットのときに気にしているのは、どれだけ飛ばせるかということ、パットのときには、ホールにどれだけ寄せられるかだけを考えていた。

こんなことではイライラが募るばかりである。なにしろ初心者なのだから、自分のショットに満足がいったためしがなかった。

それでも最大の敵が自分自身であると気がつくまでには、それほど時間はかからなかった。4つや5つのひどいショットは気にせず、失敗からいかにして立て直すかを心がけた（スウィングのときに悪態ばかりついているようでは、ゴルフがうまくなるわけがない）。ほどなくわかってきたのだが、コツは、自分の意図した結果（ボールの行き先）を感情的に切り離し、その代わりに、スウィングの体感に集中することだった。

最近、ゴルフをするときの私のゴールは、よいスウィングを心がけること

になった。ボールがどこに飛んでいこうと気にしない。自分が意図したとおりに、正しくクラブを振れるかだけに注意を払う。

このようなゴールを決めてから、私のゴルフは見違えるようになった。ほんの数カ月の間に、ハンデが30近くも減ったのだ。以前にスコアが130もあったころは、ゴルフがつくづく嫌になっていた。それが100まで向上してからは、たとえバンカーにはまろうと、グリーンを越えてしまおうと、楽しくて仕方がなくなった。

人生で遭遇するあらゆること、自分の決めたゴールとか人間関係とか、そういったものは、感情の切り離しを行えば、より上手に、楽しく対処できるようになるものである。

いくつか例を挙げてみよう。

|感情的こだわり|
土曜の午後にピクニックに行きたいのに、雨が降っていて残念だ。
|感情の切り離し|
土曜日にピクニックに行くつもりだったが、天気を予測できないのはわかっているから、晴れればよいという願望を、意識的に切り離す。そしてプランBとして、映画に行くことにする。だから、雨が降っているときには、喜んでプランAを捨てて、プランBを実行に移せばいいのであって、腹を立てることも、誰かを残念がらせることもない。これであなたは、土曜の午後の禅師となれる。あなたがよい手本を示せば、ほかの人もよい気分になる。それは巡り巡って、自分がより幸せになることでもある。

|感情的こだわり|
給料を上げてほしいと思っているのに、昇給がなくて残念だ。
|感情の切り離し|
給料を上げてもらえると思っていた。次の人事考課の結果はどうすることもできないのだから、プランBとして、副業を始めるなどの手を考える。人

事考課の結果がよかったのに、昇給を認めてくれなかったとしても、残念がることはない。それどころか、気分は上々だ。なぜなら、これでプランBを始められるからである。

|感情的こだわり|
　大学時代の恋人と結婚したいと思ってプロポーズをしたが、断られたので打ちひしがれている。
|感情の切り離し|
　大学時代の恋人と結婚したいと思っていた。相手の感情をコントロールするのは不可能だとわかっているから、結果を切り離し、プランBとして、新しい相手を探し始めつつ、あと何カ月かその人との交際を楽しむことにする。プロポーズを断られたとしても、悲しむこと不機嫌になることもない。なぜなら、プランBを実行に移しているからだ。すると、プロポーズを断られたことを気にしていないと知った相手から好かれるようになった。今度は、交際を続けるか、先に進むかを選ぶのは、あなた次第である。

　先ほども言ったとおり、感情の切り離しは、理解するのも実践に移すのも難しい。これを**マスターしてしまえば、無限の富と、健康と、幸福で満たされた人生を謳歌することができる**だろう。
　二度目のゴルフに行く前に、三男に、私が教わっているプロのインストラクターのラリーのところでレッスンを受けさせた（ラリーは、禅としてのゴルフの理解者である。また、ベン・ホーガンと同じく、ゴルフの真の目的は、具体的なスコアを挙げることではなく、常によいスウィングを心がけることで得られる安らぎと楽しさを味わうことだと理解している）。
　この間ゴルフに行ったときには、三男には、ボールがどこに飛ぶかは気にせずに、自分のスウィングに集中するように言い聞かせた。そして今度は、ピッタリと息が合ったまま、18番ホールまでプレイを続けられたのである。スコアのことは気にかけていなかったが、この間よりもスコアは上がっていた。

少しだけ人生を気楽に考えよう

　健康的で、裕福な、よりよい人間になって、自分の人生をすっかり変えてしまうために、ゴールを決めることを勧めてきたが、今日は、ちょっと変わったことをお勧めしたい。
　自分の人生の中に、「ハッハッハッ」を取り入れてもらいたい。「ハッハッハッ」とは一体何だろうか。それは、次のような効果があるテクニックである。

・人生とよく生きることについての、重要な真実が明らかになる。
・緊張を和らげ、いさかいの元になる緊張が起こらないようにする。
・一見克服できないように思われるような障害でも乗り越えられるようになる。
・体内のドーパミンが増し、気分がよくなってくる。
・血流や、呼吸や、消化が改善される。

・ガンや心臓疾患で死ぬ可能性が劇的に減る。
・より多くの人気を集めることができる。
・ゴールに到達するまでの期間が早まる。
・個人の力が強化される。

この驚くべきテクニックは、次の例によく現れている。

・1セントも使わずに行える。
・特別な教育も利用するためのスキルも必要ない。
・気が向いたときに、ほんの数秒あればできる。
・回数を重ねるごとに、「ハッハッハッ」がうまくなる。

準備がよければ、さらに先に進めるとしよう。
　1992年、ロサンゼルスの暴動が頂点に達したときのことだ。テリー・ブレイヴァーマンは、ハリウッドで交通ラッシュに巻き込まれていた。窓越しに外を見ると、街中が炎に包まれていた。煙の臭いが、ロサンゼルス特有のスモッグの臭いと混ざり合い、車と車は今にもぶつかりそうなほどに接近していて、いかにも危険そのものだった。近くの車に目をやると、運転手の顔が見えた。どの顔も不安げだった。
　周りが不安そうにしているので、ブレイヴァーマンもますます不安になってきた。ほとんどパニックを起こさんばかりである。そのとき、あることばが頭に浮かんだ。**自分でコントロールできないことはコントロールできない。しかし、それに対する反応の仕方はコントロールできる。**

　その瞬間ブレイヴァーマンは、神経がすり減りそうな交通渋滞の中で、気持ちが軽くなることをしようと決心した。幸いにもブレイヴァーマンは、その方法を知っていた。プロのコメディアンであるブレイヴァーマンは、後ろの座席に小道具の入った鞄を積んでいた。そこで鞄に手を伸ばすと、ピエロがつけるゴムの鼻を取り出した。「これさえあれば大丈夫」とブレイヴァー

マンは思った。

　ゴムの鼻をつけると、ブレイヴァーマンはまた窓の外を見た。ブレイヴァーマンの話では、周りの人たちの最初の反応は、ちょっと驚いたような感じだったという。まるで、「あれは観光客だから、何が起こっているかわからないんだ」と言っているかのようだった。ブレイヴァーマンがニコリと微笑むと、メッセージは伝わった。「こんな状況でも、ちょっとの間でも気持ちが軽くなれば、悪循環を避けられるということをわかってほしい」と。

　テリー・ブレイヴァーマンの著書『When the Going Gets Tough, the Tough Lighten Up!（つらいときには笑おう！）』に書いてあるこの話を読んでいて、あの素晴らしい映画『ライフ・イズ・ビューティフル』を思い出した。『ライフ・イズ・ビューティフル』は、ナチスの強制収容所に送られた父と子の物語で、父親は道化役を務めながら、敢然と息子のことを励まそうとするのである。そしてまた、ヴィクトール・フランクルの名著『夜と霧』のことも思い出した。著者自身の強制収容所での実体験に基づいて書かれたこの本は、人命が失われていく最悪の状況を生き延びた末にたどり着いた、素晴らしい結論で終わっている。

　フランクルは、「誰もが知っているとおり、人間は幸福を追求するのではなく、幸福になるための理由を探し求めているのである。（中略）一度、意味を探し当ててしまうと、幸福な状態になるとともに、苦痛に耐え忍ぶ能力をも手にすることになる」と言っている。

　ブレイヴァーマンは自分の本の中で、哲学者であり、『A Mythic Life（神話の世界）』の著者でもある、ジーン・ヒューストンの話も書いている。それは、ヒューストンが講演のために、同僚と一緒にワシントンD．C．を訪れたときのことだった。講演の目的は、創造性を豊かにするようにと聴衆を励ますことにあったのだが、同僚は、「政府の役人相手に創造性を発揮しろ」なんて話は土台無理だと文句を言っていた。

「あの人たちは毎日、タイタニック号の甲板で椅子を並べ直しているよう

な、無意味な仕事ばかりしているんでしょ。そんな人たちが、話を聞いてくれるとは思えないけど」
「とすれば、みんなの意識を変える必要があるわね」とヒューストンは答えた。
「どうやって？」
　そこでヒューストンは、自分が知っている最善の方法は、ユーモアを交えることだと説明した。そして最初の10分間は、ジョークをたっぷりと利かせると言った。「笑いがピークに達すると、どの人も、まるでくしゃみが出そうなときみたいな顔になっている」とヒューストンは言う。
「そのときこそ、何かに感謝したり、刺激を受けたり、理解を深めたりする準備が万端整っているというわけ」

　ヒューストンの「方法」は、プロの講演者がよく使うものの１つである。セミナーに参加する聴衆は、落ち着かない気分でいるものだ。そんな気分になったときには、批判的になったり、頑なになったりしがちだ。上手な話し手が、聴衆の笑いを誘ってくれるのであれば、少しでも心を開くことができると思う。そして、「よし、準備はできた。全部聞くから、言いたいことを言ってください」という気分になるだろう。
　ブレイヴァーマンは、リッチ・リトルが暴漢たちから自分の身を守るために何をしたかという話も書いている。
「本当に怖かった。ところが15分も経たないうちに、そいつらを笑わせてしまっていたんだ。自分のネタをひと通りやってみせたんだけどね。（中略）けれども、どんなネタをやったかはよく覚えていない。ルイ・アームストロングはやったな。（中略）向こうは僕のことを知らなかったようだが、いろいろ物まねをやってみせているうちに、襲う気がなくなったらしい」
　この場合には、リトルのユーモアが、精神的に追いつめられた状態だけでなく、運命までも好転させた。リトルが言うには、最後には拍手喝采だったそうだ。

人生では
解決できない
問題は
起こらない

　誰にでも、怒りでわれを忘れてしまうような状況に陥ることがある。誤解があったにせよ、なかったにせよ、人からバカにされると、怒りに任せて、悪口で応えてしまうことがあるだろう。

　困難な状況の中でユーモアを働かせるというのは、間違いなく役に立つ。少なくとも、こんなふうに考えれば、気持ちも楽になるだろう。人生は短い。人は生きて、死ぬのみ。それは誰も同じである。となれば、楽しいほうがいいではないか。

　このことをテーマにした感動的な映画が、1927年に制作されている。題名は『サンライズ』という。15分もあれば物語に引き込まれるだろうと思うが、それは、この映画が時間をかけてつくられたモノクロのサイレント作品だからである。

　ストーリーは力強く、感動的だ。そして、物語の中でユーモアの果たして

いる役割に注目してほしい。映画を見ている人たちは、ユーモアによって、優しく、愛情にあふれた人間になりたいと思うようになるだろう。そして、楽しいことがいかに大切かを教えてくれる。

　私の知っている有能な会社役員の１人に、ある大会社のＣＥＯがいて、その人は、効果抜群の危機管理法をマスターしている。ＣＥＯという立場上、現実にせよ、思い込みにせよ、仕事の同僚から不当な扱いを受けたといって怒っている上級管理職の話に耳を傾けなければならないことが多い。
　私も同じような状況に置かれることがこれまでに何度かあったが、私は常にマネジャーの不平不満を真剣に受け止めた応対をし、真剣な対処をするようにしていた。「クリス」はいつも、まずユーモアたっぷりに答えるのである。
　クリスには、ものごとを大局的に見たときに、その不平不満がどんなにさいなものかを相手に理解してもらう才能がある。クリスがどんな方法をとっているのかはわからない。だが、クリスは私にも十数回その方法を使っていて、効果があることは間違いないと思う。
　クリスは、もめごとを仲裁する才能に長けている。それは、問題に対する最初の対応が、「ハッハッハッ」と笑ってしまうような部分を見つけ出すことにあるからだ。
　人生でぶつかる問題のほとんどは、最初に考えていたときほど重大なものではないということがわかる。重大な問題は、もっと気持ちを楽にして対処するようにすれば、楽に解決できるようになるものだ。
　それこそが、みなさんにしてもらいたいと思うことである。ストレスを感じたら、自分の魂の中にある軽やかな部分を見つけ出す時間をつくろう。そうすることで、希望を持って楽しく前進するためのエネルギーが湧いてくるとともに、頭も柔らかくなるだろう。

成功するために必要な努力

PART 5

今の仕事は
本当に
あなたが
やりたいことか

　アデラに出会ったのは8年前。彼女がアメリカン・ライターズ＆アーティスツ社（AWAI）のコピーライティング入門講座に初めて参加したときだった（ETRのインフォマーケティング入門講座と同様に、コピーライティングの入門講座は現在フロリダ州デルレイビーチで毎年秋に開催されている）。

　当時、アデラは離婚したばかりの36歳。溌剌として意欲に燃え、アイデアにあふれていた。3日間のプログラムが終わったとき、アデラは私に「これほどためになる集まりには今まで参加したことがありません。一刻も早く帰って、仕事にとりかかりたいわ」と言った。

　そんな彼女の様子を見て、私もうれしくなった。あの会場で、やる気があり、すぐにでも成功できる人がいたとすれば、それはアデラだろう。

　翌年、AWAIの入門講座で再びアデラを見かけたので、フリーランスのコピーライティングのキャリアに進展があったか尋ねた。「それが、思った

ようにいかなくて」と彼女は告白した。

最初につまずいたのは父親が他界したときだった。それでフリーランスの仕事を中断せざるを得なくなり、別の街で別の仕事に就いた。新しい仕事に慣れたころ、このまま仕事を続けるのはよそうと考えた。

「また一からコピーライティングを始めようと思って、今年、入門講座に来たんです」

彼女は意気揚々と語った。

「それに、今回は絶対うまくいくと思います」

ゴールに到達するために必要なものが態度だけだとしたら、この女性は将来スーパースターになるだろう。態度だけでは十分ではない。私はETRのゴール設定プログラムを購入するように勧めた。

「お父さんを亡くされて、ずいぶんとつらい思いをされたことでしょう」と私は話した。

「それに、新しい場所や新しい環境が、いかに落ち着かないものなのかもわかります。でも、コピーライターになることを第1のゴールにして、ゴール設定プログラムを始めれば、何も気にならなくなりますよ。人生にどのような邪魔が入っても対処できるようになるはずです（人生というのはたいてい横槍ばかりだと講釈する必要はないと思った）。それに、その間、第1のゴールに向かって進歩し続けるでしょう」

アデラはゴール設定プログラムを購入することに同意した。その後、彼女と会ったのは2年後だった。またしてもＡＷＡＩの入門講座で彼女を見かけたので、進捗状況を尋ねると、彼女は守りに入った。「コピーライティングのスキルを磨くのに毎日6時間もかける余裕なんかありませんよ。フルタイムで働いているし、ボランティア活動も忙しくて、友だちや家族もいますから」と話した。

私が相談を受けた人たちはほとんど誰もがアデラと同じ状況、あるいは、もっと過酷な状況にあったことを彼女に話そうとは思わなかった。それに、

私自身、彼女と同じ年の頃はフルタイムの仕事を2つかけ持ち、結婚もしており、社会的責任も担っていたが、それを伝えようとも思わなかった。彼女といろいろ話したところでどんな意味があるというのだろう。
　彼女は変わろうとしていなかった。少なくとも、変わるように私が彼女を説得できるとは思えなかった。アデラは、心の奥のどこかで、今やっていることがやりたいことだと思っていたはずだ。具体的には、次のことだ。

・彼女自身が「満たされない」と表現する生き方を続けること。
・毎年、1週間と2000ドルほどを投資してコピーライトの入門講座に参加し、これからは明るい未来が待っていると感じること。

「また『がんばろう』という気持ちになれればいいんです」と彼女は話す。「なるほど。この講座が役に立つといいですね」と私は答えた。
　こういう生き方もいいと思う。土台、この女性に時間の使い方を指導することなど私にはできないのだから。とはいえ、誰かがチャンスを逃すのを目の当たりにするのは、やりきれない。

成功する人、しない人の大きな違い

　毎年、ＡＷＡＩコピーライティング入門講座で指導と刺激を受けて、何十人もの人が会社勤めをやめ、個人事業主としてフリーランスのコピーライターに転身している。多くの人は、コピーライティングの基本プログラムを終了すれば、マスタープログラムの途中でも、うまくジャンプできる。
　ＡＷＡＩのスタッフが何よりも待ち望んでいるのは、「やりました！　初めて仕事がとれました！」「あれからどうなったと思いますか？　最近書いたダイレクトメールが化けたんです！　1週間もかからなかった仕事が5000ドルになったんですよ！」といった手書きのメモやメールなのだ。

成功する人と成功しない人の違いは何か。
　私はこう考える。うまく「**人生を変えられた人**」はすべてが「うまくいく」のを待たない。

・私生活が自然に何とかなるのを待たない。
・仕事がうまくいくのを待たない。
・担当しているプロジェクトの完了を待たない。
・家の増築が終わるのを待たない。
・義理の両親の問題が解決するのを待たない。

　それに……**刺激を受けること**を待たない。

　行動しない限り、モチベーションは得られない。
　　　　　　　　　　　　　　　　　　　　　──ロバート・リンガー

　ベストセラーの著者であるロバート・リンガー（訳注：カエル跳び理論を提唱。邦訳『無理をしない、当たり前の人生がいい』）は、成功者のほとんどは、ある共通した習性を持っていると信じている。それは、モチベーションを待たないことだ。彼らは、**行動からモチベーションをつくりだす**。
「もし書くためのモチベーションを待たなければならないなら、これまで書いてきた本を1冊も書けなかっただろう」とリンガーは話す（彼はこれまで、優れた自己啓発本を数冊執筆している。そのうち3冊はベストセラー）。
「ほとんどの著者と同じように、私もコンピュータのスクリーンを見つめたまま、何回も朝を迎えてきた。モチベーションもなく、何について書こうか、明確な考えもなかった」
　インスピレーションを待つタイプであれば、きっといくらでも待っていたに違いないとリンガーは話す。その代わりに彼が行ったのは、「ただ書き始

PART5　成功するために必要な努力

めること」だ。

　最初に書いたものがよいかどうかは問題ではない。1時間でも2時間でも書き続けてさえいれば、何かよいことが生まれてくると彼は知っているのだ。「行動しない限り、モチベーションは得られない」とリンガーは話す。

　ゴールを持ち、そのゴールの達成を最優先にして、毎日それに基づいて行動する方法を見つけなければ、成功する可能性は非常に少なくなる。

　私は責任ある仕事をいくつもこなしているので──当然、「アーリー・トゥ・ライズ（ETR）」の執筆も──、次の本にとりかかるのを先延ばしにする言い訳なら毎日いくつでも考えられる。1章目を書くためにインスピレーションが湧くのを待ってただ座り続けていたら、おそらく何もできなかったに違いない。その代わり、私はロバート・リンガーと同じことを実践している。とにかく書き始めるのだ。

　不動産開発で富を築いたフランク・マッキニーは、同じことを違う表現で説明している。
「不動産で稼ぎ始めるためには、専門家になるまで待つ必要はない。まずは、毎日少しずつ仕事をこなして、地元の地域を知ること。そうすれば、気づかないうちに、買うべき物件や売るタイミングの名案が浮かび、富や経済的な自立への道を歩めるようになる。ただし、それには今すぐ始めなければならない。すぐに始めて、継続すること。必ず毎日何かをしよう。それがたとえ5分、10分しかかからないことでもかまわない」

　あなたがアデラのような向上心のあるコピーライターでも（私の知る限り、彼女はいまだに入門講座参加者から本物のコピーライターに転身するきっかけを待っている）、起業家の卵でも、エベレストに挑戦しようと息巻く登山家でも、目標を達成するためには、現状から抜け出し、何かを実践しなければならない──しかも毎日。

行動しない人が
落ちる大きなワナ

　10代のころ、私には猛犬のような衝動があった。他人から誤解されると吠えかかっていたのだ。その結果はたいていケンカだ——ほとんどの場合、相手のほうが大物で、スキルがあった。

　なんとか「勝利」を手にしたのは、たいてい私だった。というのも、自分の中にある攻撃性を煽る何か——おそらく、怒りのようなものではないかと思う——を利用できたからだ。

　そうしたものは、富の構築の世界にも存在する。内なる自分を燃やす何か——少なくとも輝かせるもの——（うまく利用すれば）あなたをお金づくりの「誇大妄想狂（Money-Making Megalomaniac）（MMM）」に変えてくれる何かがあるのだ。

　MMMなら、決して次のことを行ってはならない。

・一瞬でもグズグズする。
・やらなければならないことが何なのか、戸惑う。
・金儲けの能力に疑問を持つ。
・金儲けに邁進するのを躊躇する。

　あなたなら「なるほど」と思うだろうか。それとも、「それはちょっと」と戸惑うだろうか。

　戸惑っても気にしないでほしい。人はたいてい変化を怖がるものだ——特に内なる変化はなおさらである。これから私が話そうとしているのは、正真正銘内なる変化についてだ。深い変化であり、いつまでも続く変化でもある。さらに、あなたの考え方や感じ方を変えていく。

　変化の機会を得ると、ほとんどの人はこう考える。
「今の自分にすっかり満足しているわけではない。でも、自分自身を嫌いな

わけでもない。予想外の方向に変わったら、コントロールを失う可能性もあれば、今より満たされない場合さえある。それなら今のままのほうがいい」
　内なる変化を「なるほど」と思えるあなたはツイている。その昔、お金づくりの大志を煽るために私自身が使い、今でも本の執筆や映画製作でやる気を出すために使っている秘密を教えよう。
　私はこれを**「ジャンキーの秘密」**と呼んでいる。

　ここに、意欲も目標もない20代の若者がいるとしよう。高校で落ちこぼれたので、読み書きもまともにできない。家庭生活に恵まれず、イライラするばかりでやる気がない。さらに悪いことに、映画で見るような「もともと頭はいいのだが、貧しい環境で育った若者」ではない。救いようのない愚か者だ。
　ここで質問だ。この若者は稼ぐために何をするだろうか。ご明察――そう、何もしない。
　万が一、働くとしたら……政府の政策か何かがうまく機能して、働かざるを得ない状況になったとしたら……。一体、いくら稼げるのだろうか。
　またしてもご明察――だいたい日給48ドル、時給6ドル。しかも税込だ。
　さて、その愚かでぐうたらな若者に、おあつらえ向きの昔ながらのコカイン中毒が加わったとしよう。今度はいくら稼げるだろうか。またまたご明察――それなら一財産稼げるだろう。

　1980年代初め、私はワシントンＤ．Ｃ．の「様変わりしていく」と表現されることもある地域に住んでいた。その数年の間、私は麻薬中毒者が絶えず、ほとんど何かに取りつかれたように稼ぐ姿を見るチャンスがあった。来る日も来る日も、無知で無学で汚れにまみれ、貧しく薬物に溺れて堕落しきった輩は、無慈悲な世界に飛び込み、がむしゃらにお金の後を追っていた。
　求める。懇願する。物乞いをする。盗む。カードゲームをやっては、ありとあらゆるイカサマを働く。それで、大金を稼いでいた。

当時、私が読んだ『ワシントン・ポスト』紙の長めの記事には、こうしたペテン師の多くは、麻薬を買うために一日300ドルから400ドルを稼いでいると書かれていた。
　それには、「へぇ〜」と感心した。というか、あいつらのほうが自分より稼いでいるというのはどういうわけだ。私は学位を2つ、仕事は3つも持っているのに。
　考えれば考えるほど、私にはそれが魅力的に思えてきた。街にいるボロボロの負け組が、若手のジャーナリストや高校の教師よりも稼いでいるというのだから。

コーヒー一杯でつかんだ貴重な教訓

　無教養の麻薬中毒者のやることなど「たいしたことはない」とは思わなかった。その逆だ。
　こうした人たちの人生の第一のゴールは、何も感じない状態になることだった。それでも、ギスギスしたストリートに出て、お洒落で居心地のよいオフィスで過ごしている私の2倍も3倍も稼いでいた。
　それを考えれば考えるほど、興味が湧いてきた。麻薬中毒者が稼ぐために何をやっているのかはよくわかったが、それを実践する精神力をどこで得ているのかはどうやっても皆目見当がつかなかった。
　そこで、近くの麻薬中毒者たちに話を聞いてみることにした。話しかけるのはたいしたことではない。1ドル払えば5分間は話してくれる。5ドルとコーヒー一杯で、5人の話を聞けた。

　結局、私は3人の麻薬中毒者と仲よくなった。年配の人は名前がジョージで、昔、郵便局で働いていたという。若いのはディーン、それまでの人生で一日たりともまともに働いたことがない。もう1人は子どもを3人抱えた母

親デシリー。本人はそれが自分の名前だと言っていた。

　3人とも、14番街でウロウロしていた。売春婦と麻薬中毒者がたむろする通りだ。そこは、私がフェニックスさんの家に行くためにどうしても横切らなければならない通りでもあった。毎日、夫婦でダウンタウンで働いている間、フェニックスさんのところに長男を預けていたからだ。

　1番目の息子（長男）をベビーシッターに預けた後、私は決まってジョージやディーンやデシリーと少し話した。どこに住んでいるのか、いつ寝ているのか、いつ「仕事」をしているのかなど、さりげなく尋ねた。

　次第に、彼らが毎日どのようにしてあれだけのお金を稼いでいるのかわかってきた。何か特別な策略があるわけでもなければ、ペテンを働いてもいない（ズルができるときには、少しくらいズルしていたが）。古くからいわれている「3つの美徳」を組み合わせただけだった。

大成功を収めた麻薬中毒者の3つの習慣

1．ジョージとディーンとデシリーは、私の労働時間よりも長く働いていた。私は自分のことを一日12時間も働く熱心な勤労者だと思っていたが、この3人は起きている間は常に働いていた——つまり、一日18時間から20時間は働いていることになる。

2．働く目的は3人ともただ1つだった。私相手に話をしたり、うなずいたりするときにはリラックスしているものの、意識している時間の90％は、次の麻薬を得るために必要なお金を稼ぐことに集中していた。私の場合はそれとは対照的で、気になることがいくつもあり、やりたいことも次々に出てきて、仕事に集中できない。でも、彼らは違った。唯一の目的から注意をそらすことは決してなかった。

3．ジョージ、ディーン、デシリーの3人と私との何よりの違いは、もっと深いことに関係していた。彼らの中毒のほうが、私の野望よりはるかに強かったのだ。だからこそ、必要なお金を稼ぐためならどんなことでも犠牲にできるのだ。

　米国で最も成功した人たちの生活を調べてみれば、彼らも同じだということがわかるだろう。

1．長時間、懸命に働く
2．1つの目標に集中し続ける
3．成功するためには犠牲を厭わない

　アンドリュー・カーネギーの伝記を読むといい。そうすれば、彼の人生でこの3つの特性が何度となく現れるのに気つくはずだ。ウォーレン・バフェットやビル・ゲイツのドキュメンタリーを見るといい。きっと同じことがわかるだろう。
　これはきっと、しっかり考えなければならないことに違いない。

　長時間、一生懸命働くことは、成功に欠かせない。決意と集中も重要だ。本当に大きなゴールを実現するためには……まったく新しい分野に挑戦するには……もっとやらなければならない。
　無教養の若者が薬物中毒でなくなったら、ハンバーガーショップでハンバーガーを焼きながら、働きたいだけ働くだろう……でも、決して一日に600ドル稼ぐことはない。それは、先が見えなくても、苦痛でも、知らないことでも、面倒でも、危険が及ぶとしても、なんとしてもやり抜くという強い意志があって初めて達成できることだからだ。
　麻薬中毒者には、本来払われるはずの敬意が払われていない。
　ジャンキーの生活がどんなものか想像してみよう。アンモニア臭い公園のベンチで目が覚める。伸びをしてから、顔や腕の傷をボリボリ掻いて、自分

に言って聞かす。

「さぁ、シャンとしなくちゃ。今日も冷たく世知辛い街に出て、600ドル稼ぐぞ」

果たしてそんなことがあなたにできるだろうか。来る日も来る日も続けられるだろうか。私にはできない。何かの中毒にでもならない限り無理だ。

未開拓のパワーを うまく利用する方法

あなたもジャンキーの才能を手にできる。そのためにコカインを吸わなくてもいいのだ。

あなたの心のどこかで、炎が燃えている。愛されたい、認められたいという強い思いだ。それは私たち誰もが持っているもので、いつもとても強い。

この炎をそのままにしておくと、しまいには自然に消えてしまう。あなたの人生は無意味に過ぎていき、あなたがこの世からいなくなれば、あなたの夢もなくなる。

核となる欲望の炎に風を送れば、火は大きくなるだろう。それは２つの事柄の片方を意味する。つまり、自らが望む成功を手にできる。一方、何もしなければ、その熱で内側から焼き尽くされてしまうだろう。

自分の中にある燃える思いを見つけなければならない。あなたの人生を生きるには、その思いを利用しなければならない。

新しい事業を軌道に乗せたり、新しい仕事を始めたり、過去と決別したりするのは容易ではない。それが難しいのは、今までと違うからだ。それに、自分の「コンフォートゾーン（安全地帯）」から抜け出さなければならないからだ。

たとえば、今日やるべきことのリストを見てみよう。おそらくやりたくないことが含まれているに違いない。それが重要なのはわかっている。マー

カーで目立つようにもしてある。でも、できることならやりたくない。

　それは「面倒な電話を1本かける」ことかもしれない。「退屈な作業をする」ことかもしれない。いずれにせよ、やっていて楽しくないことであるのは間違いないだろう。今までやってこなかったのはそのせいだ。ライバルたちが手をつけていないのも、おそらく同じ理由からだろう。

　今まで以上に成果を出したいのなら、今まで以上にやろうと思わなければならない。やるぞと決める、時間を注ぎ込む、集中し続ける、そして、嫌だけれど絶対にやらなければならない課題をこなすことが求められるのだ。
　今すぐとりかかろう。今だけはジャンキーのフリをして、薬を手に入れられるかどうかは、今まで逃してきたあのゴールを達成できるかどうかにかかっていると考えてみる。もし自分の健康のためにはゴールを達成しなければならないとしたら——なんとしてでも成功を手にするために（失敗という選択肢はない）、あなたは一体何をするだろうか。

　このさい、良心の呵責は忘れてしまおう。恐怖心も、今だけは無視しよう。ほかに何も問題がなければ、あなたは何をするだろうか。
　答えはわかっただろうか。答えが出れば、それでよし。
　では自らに問いかけよう。なぜ今それをしていないのか。
　道義上問題がある？　すんなりと信じられない？　失敗が怖い？　そうした感情をハッキリさせて、よく見てみよう。それが、あなたが望むことを遠ざけてきた正体だ。
　こうした感情と正面から向き合わなければならない。それがどのようにしてあなたの行動を妨げているのかを考えよう。今日、これをしっかり忠実に実践すれば、重要な何かが達成できたことになるだろう。

ほとんどの人に
プラス思考が
効かない
本当の理由

　自己啓発の業界でまことしやかにいわれ続けていることがいくつかある。その一つが、「プラス思考」で人生は変わるという考え方だ。
　ナポレオン・ヒルに始まり、『ザ・シークレット』を宣伝している人たちを含め、ポジティビズム（実証主義）を吹聴している人たちは、私たちはみな、意識の思うままに、歩いて息をするサクセスマシンに変身できる方法を知っていると主張する。
　自己啓発の大御所の中には、プラス思考を売り込む人たちもいるが、それは、市場に出せば一番儲かる商品だとわかっているからだ。思考を変えれば、人生を変えられる！　実力を発揮できない、成功して金持ちになりたいカウチポテトに対して、これ以上素晴らしい約束ができるだろうか。
　それに、純粋に儲けという観点から見れば、彼らの主張は正しい。簡単に約束ができるプラス思考の商品の売り上げは、ダイレクトメールやインターネットのビジネスで年間10億ドル以上を占めている。それも、私個人が知っ

ている会社だけの数字だ。業界全体の売り上げは、その何倍にもなるだろう。

　私は何もプラス思考を標榜する人がこぞって金目当てだと言っているわけではない。多くの人が、実際にプラス思考を利用した成功経験があるため、この考え方が正しいと信じている誠実な人たちなのだ。そういう人たちはたいていスポーツでも勉学でもビジネスでも、ほとんど初めから優秀で、いつでも成功を勝ち取っている。繰り返し成功しているうちに、なんでもできるに違いないという自信がつく。
　そのうち、未知の難題に直面しても、ためらわずに揺るぎない自信を持てるようになる。心の中で、「自分ならうまくできる」とわかっているのだ。だからこそ、新しいことに取り組んでも、成功すると確信できる。

　世の中の彼ら以外の人たちはどうだろう。人口の80％は、学校の成績がＣ、野球の試合ではベンチを温める役で、ビジネスを始めてもパッとしない。そうした人たちの心の中にはどんなメッセージが刻まれているのだろう。
　プラス思考の人ならきっと「それが重要なポイントだ」と指摘するだろう。成功経験がなく悪戦苦闘している人たちが失敗するのは、「自分は成功できる」と心底思っていないからだ。その考え方さえ変えれば、もっとうまくいくはずである。
　そこで、自信喪失している人たちにはプラス思考のセラピーを行う。朝、鏡の前に立ち、「私はよい人間だ。なんでもできる。きっと成功する」と20回繰り返す。
　これはなかなか魅力的だ。鏡に映る自分の姿に２、３分話しかければ、心のスイッチが入る。その後はすべてが自然とうまくいくというのだから。
　けれど、現実はそうはいかない。

　ジュリー・ノレムが著書『ネガティブだからうまくいく』（ダイヤモンド

社）で触れている研究調査でも、「プラス思考は自分の能力について前向きに考えられる人には効果があるが、自分の能力について悲観的な考えを持っている人には効果がない」という私の考えが裏づけられた。

　研究者は調査対象（全員、悲観的な考え方を持っていると特定された人たち）を2つのグループに分けた。片方のグループには、過去の成績を見ると、これから受ける標準テストではきっとよい結果が出せるだろうと伝えた。このグループは実際にテスト前の事前調査で結果について楽観的な考えを持っていた。一方、別のグループにはなんの励ましも与えなかった。果たしてその結果は？　最初のグループ、つまり、一時的に楽観的になった悲観論者たちのほうがテスト結果は悪かった。

夢追い人はプラス思考で救われない

　私はプラス思考の考え方についてずっと批判的である。というのも、人生を変えるときに、どうしても助けが必要な人たち、つまり、自分ができることについてマイナスの感情を深く抱いている人たちには、プラス思考などムダだと思うからだ。

　プラス思考は、前向きな心を持った人たちにしか効果がない。たいてい、そういう人たちにはうまくいった経験がある。たとえば、実力のあるレスリング選手は、次の試合で勝てると容易に信じられる。また、あなたが思い浮かべる起業家にとっても、次の事業が成功すると信じるのは難しくない。

　感情が前向きであれば、思考は何に対しても前向きに働かざるを得ない。

　そうなると、プラス思考が役立つ。それが役立つのは、人口の20％の、すでに感情が前向きな人だけだ。残りの人たち、世界の80％の人たちはマイナスの感情を持っていて、プラス思考では救われない。

　私はこれが真実だと知っていたが、その理由は正確にはわからなかった。

以前、このことを書いたら、「ＥＴＲ」の多くの読者が反対した。会議でこの話に触れたときも、後から参加者に文句を言われた。みな、怒っているようだった。まるで、私が大切なものを取り上げようとでもしているかのような反応だ。
　あの人たちはみな、私が成功のビッグチャンスを否定しようとしていると思ったのだ。でも、私が実際にやろうとしていたのは、自分で自分をだますのをやめさせて、ゴールの達成に役立つ具体的な行動をとらせることだった。
　それから何年か過ぎ、別の会合で同じ人たちとよく顔を合わせた。彼らは相変わらず自己啓発のセミナーに参加し、依然としてプラス思考の本を抱え、やはり「あのときプラス思考が運命を変えることはないと言いましたよね」と私に食ってかかってくる。結局、プラス思考は、こうしたセミナーや書籍を販売している人たちの役に立っているだけなのだ。

　何年経っても、何十年経っても変わらない。彼らは貧しいまま。行き詰まったまま。それでもなお考え方を変えれば、人生をすぐ簡単に変えられるという夢を絶対にあきらめない。
　プラス思考がこうした人たちに効果を発揮しないことをなぜ私が知っているのか、私には説明できなかった。けれど、ある本を読んでいて、その答えがわかった。その本とは、『A General Theory of Love（愛の一般論）』──３人の優れた精神分析医と神経科学者が執筆した本だ。同書が私に教えてくれた、この問題の解明に役立つことをごく簡単に説明しよう。

　もともと私たちの感情は、頭のネットワークに深く関係している。私たちの感情のさまざまな反応や他人との関係を築く方法には科学的根拠がある。同時に、私たちを取り巻く世界や人々とのやりとりは、私たちの態度に大きな影響を与える。こうしたやりとりは脳の神経経路を変えることが可能で、幼いころから始まり、私たちの成長に影響を与える。
　もし成功できるかどうかについてマイナスの感情を抱きながら成長すれ

ば、脳もそのようなネットワークを構築する。そうなれば、どれだけプラス思考を試みてもこれを変えることはできないだろう。

『A General Theory of Love（愛の一般論）』(2001) の著者たちの自己啓発ビジネスに関する意見を紹介しよう。

> 自己啓発の盛り上がりは、強い意志があり、正しい方向性をつかんでいる人なら、よい人間関係を選べるというまやかしを支持してきた。その場しのぎの約束に魅せられた人たちは、その考えを鵜呑みにしている。しかしながら、感情の生理機能は、いくつかことばを並べたくらいで消えるようなものではない……。
> ……自己啓発本は自動車の修理マニュアルのようなものだ。一日中読むことはできるけれど、読んだところで直らない。

マイナスの感情からプラスの感情に変わるためには、自ら成功の実体験を積まなければならない。さらに、また別の成功テクニックもここにある——ビジュアル化だ。このテクニックには効果がある。**ビジュアル化は最高のパフォーマンスを実現するための、間違いのない有効なテクニック**だ。

世界で素晴らしい成功を遂げている人たち（たとえば、起業家やアスリートやＣＥＯ）の多くがゴールを達成するためのサポートとしてビジュアル化を活用しているのは誰もが知っていることだ。

マイケル・ジョーダンの場合を見てみよう……。

> 私は、自分が行きたい場所、なりたいタイプの選手をビジュアル化した。行きたい場所はハッキリとわかっていたので、そこにたどり着くことに集中した。

また、出場すれば必ず試合の格が上がる偉大なゴルファー、ジャック・ニクラスはこう言っている。「本番でも、練習でさえも、ショットを打つときには、必ず非常に鮮明でピントがぴったり合った絵を思い描いている。ちょ

うどカラー映画のような感じだ」

　1回につき数千ドルのカウンセリング料金で、プロのアスリートや経営者がビジュアル化で成功を収められるようにアドバイスしているのが、有名なスポーツ心理学者、ボブ・ロテラだ。PGAのプロゴルファーやNBA、NFLのトップアスリートのコーチングだけでなく、メリルリンチ、モルガン・スタンレー、ゼネラル・エレクトリック、コカ・コーラなどさまざまな企業のトップにもコーチングを行っている。

　国際レベルの武道家でインターネット・マーケティングでもトップをいくマット・フューリーは、「成功したのはビジュアル化のおかげだ」と話す。ガリガリで、まだバランスもとれていなかった高校生のころ、レスリングのコーチからは、「お前にはチャンスはない」と言われた。それでもマットはビジュアル化の力を利用して、次から次へと試合に勝ち続けた――そして、高校と大学でレスリングのチャンピオンになったのだ。

　その後、マットはカンフーの世界チャンピオンになった――これも、ビジュアル化のおかげだった。さらに、とても前向きな態度をとることができた結果でもあり、この態度はそのときには彼の脳の大脳辺縁系（感情的な行動に関係する脳の部位）に深く刻まれていた。

　すでに話したように、成功の可能性についてプラスの感情を持っているのは、成功した経験がある人だ。実行する人であり、夢追い人ではない。だから、プラス思考のことは忘れよう。その代わり、**達成したいゴールに取り組み、マスターしたいスキルを練習して、脳のネットワークを書き変えよう。**

　最初は自分のやっていることに戸惑うかもしれない。とてもうまくできるわけではないだろうから。けれど、しつこくやり続けよう。忘れてはいけない――何であれ、ものになるまで実力をつけるには、1000時間はかかるものだ。

　ほどほどの目標の設定から始めよう。ビジュアル化を利用し、特定の課題ならほかの誰よりもうまくできるようになり、具体的な問題を克服しよう。ただし、役に立たない主義主張を繰り返して、時間をムダに使わないように

すること。行動――行動だけが、脳の大脳辺縁系の記憶を書き換えることが可能で、あなたを真の「成功マシン」に変えられるのだ。

失敗への恐怖を消す、とっておきの方法

「私は踊らないわ」
　ジェーンは、年配の夫婦が結婚式の披露宴で踊っている姿を見ながら、いとこのレイにそう話した。
「ダンスが下手なの。恥をかくだけだから」
「僕のダンスもひどいものだったよ」とレイは言った。
「でも、レッスンを何回か受けたんだ」
「私なんてレッスンも受けられないわ」とジェーン。
「無様な格好を先生に見られるのもイヤ」
「その気持ち、よくわかるよ」とレイは答えた。
「僕もゴルフで同じように感じるから」
　私も以前、人前で話すときに同じような感情を抱いたものだ。人前で話すと考えただけで嫌になった。やむを得ずスピーチをしても、結果は散々だった――だから、ますます人前で話すのが嫌になった。悪循環だ。

　1982年、南フロリダでニュースレタービジネスの編集者になったとき、かなり頻繁に会議を開いたり、業界の集まりでプレゼンテーションを行ったりしなければならない立場にあった――私が苦手とする分野だ。それで、デール・カーネギーのスピーチプログラムに参加することに決めた。
　ところがどういうわけか、私は違うコースに登録してしまった。そのコースはスピーチではなく、もっと広いゴールを設定していた。そして、そのプログラムが私の人生を変えたのだ。
　プログラムでは、ゴール設定と行動を起こすことの重要性を学んだ。それ

に、気づかないうちに楽にスピーチする方法も教えられた。

　私のスピーチスキルはたまたま向上したようなものだ。毎週、私たちはカーネギーの古典『人を動かす』の1章を読み、その章の原理原則をどのようにして実際の生活に生かすのかを2分間のプレゼンテーションにしてクラスで発表しなければならなかった。

　毎週木曜日、仕事が終わってから、私は会場まで1時間半車で移動していた。運転しながら、私は話すべきことを考えた。最初は大変だった。それでも毎週、少しずつ容易になっていった。

　14週のコースが終わるころには、ほぼプロのレベルのスピーチができるようになっていた。コンクールでいくつか賞ももらい、クラスの評価でもたいていトップになった。最後の講義は、卒業式のようなものだった。身内や友だちも出席できて、話しかけなければならない聴衆の数も3倍に膨れ上がった。記憶にある限り、全員とてもうまくできていたと思う。私の番は最後だった。台に上ったとき、少し緊張したけれど、学ぶべきことはすでにたくさん学んできた。だから、深呼吸をして、やりたいようにやった。

　拍手喝采だった。知らない人も近寄ってきて、「おめでとう」と声をかけてくれた。「コメディアンになるといい」とアドバイスしてくれた人もいる。そのアドバイスを真に受けるほどバカではないが、それでも、ほとんどゼロからのスタートだったのに、こんなに短期間でずいぶん進歩したものだとうれしくなった。

　私はどうやって人前で話す恐怖心に打ち勝ったのか。同じ方法を使えば、きっとあなたもさまざまな恐怖心に打ち勝てる。

失敗するのは
恥ずかしいことなのか?

　恐怖心の治療専用に使われる心理療法がある。最も効果的なのは、恐怖症

の人に対して恐怖の対象物を徐々に見せていくという方法だ。

　たとえば、ヘビが怖いとしよう。治療はヘビの写真を見せることから始まる。その後、写真を見ても平気になったら、ヘビの動画に移る。それから、檻の中のヘビを見て……次は、檻の外だけれど、遠く離れた場所におく。それから、次第に距離を縮めて、嫌だと思わずになんとかできるようになるまで繰り返す。

　同じように、人前で話すのが怖ければ、治療は少人数の人の前でとても短いスピーチをすることから始めるとよい。それから徐々にスピーチを長くして、聴衆の数を増やす。最後には、大勢の前でも１時間以上自然にスピーチができるようになる。

　それが、実際、私が経験したことだ。後になって、私がとったデール・カーネギーのコースは、スピーチに対する「段階的エクスポージャー（暴露）療法」という治療プログラムの一環だったことがわかった。

　具体的な事柄に対する恐怖心──ヘビや人前で話すこと、飛ぶことなど──はこの段階的エクスポージャー法で克服可能だ。でも、もっと一般的な恐怖、たとえば、失敗に対する恐怖はどうすればいいのだろう。

　この質問に答えるには、まず、「失敗が怖い」というとき、具体的には一体何を恐れているのか明確にしなければならない。

　想像してみよう。あなたは今、一人きりで静かな部屋にいて、難しいクロスワードパズルを解こうとしている。でも、解くことができない。

　あなたならどう感じるだろうか。

　さて今度は、クロスワードパズルの全国大会に出場しているところを想像しよう。大会は４人のファイナリストまで絞られた──あなたと残りの３人だ。４人は大きなパズルがあるステージに立ち、手にはマーカーを握り締めている。会場には600人もの人が詰めかけ、何百万人もの人がテレビで様子を見つめている。タイムキーパーが開始の合図をすると、本番開始、できる

だけ早く回答を書き込んでいく。

あなたのパズルが1/6終わった時点で、最初の勝者が誕生した。1/4が終わる前に2人目が終了した。残るは、あなたともう1人だ。半分終了し、希望が持て始めたとき、ブザーの音が鳴った。相手のほうがあなたよりも早く終わったのだ。あなたは手にマーカーを持ったまま、その場に立ち尽くす。ほかの3人の顔には笑みが広がっている。

このときは、どのように感じるだろうか。

このちょっとした実験を行ったとき、私はまったく違う2つの感情を抱いた。最初のシナリオを想像したときは、少しイラついた。2つ目のシナリオでは恥ずかしくなった。

最初のシナリオの場合、私はごく普通のパズルを解いているごく普通の人だった。ゴールは達成できなかったけれど、決まりが悪くもなんともない。2番目のシナリオの場合、私はクロスワードパズルで全米トップレベルの実力を持っている。私は失敗した……しかも、大勢の前で。これで怒りに恥ずかしさが加わった。そのほうが、はるかに嫌な気分だ。

おそらく失敗する恐怖というのは、こういうものなのではないだろうか——恐れているのは、ほとんどがこの「きまり悪さ」だ。他人の前で恥をかくことである。

失敗が怖くなくなる原則を身につける

きまり悪さが度を超えると、屈辱と呼ばれる。素敵なディナーパーティでおならをすると、きまり悪く感じる。仕事の大きなプロジェクトで無残な失敗を見せると（特に、「絶対大丈夫」と大きなことを言っていたりすると）、屈辱を感じる。

屈辱は、きまり悪さがプライドと混ざったときに感じるものだ。プライド

が高ければ高いほど、失敗は大きく響く。失敗の恐怖に効くのは、謙虚さである。

私自身もプライドの塊だ。たとえば、書くことにも誇りを持っているし、ビジネスの成功にも誇りを感じる。こうしたことについて「謙虚であれ」と常々自分に言い聞かせなければならない。とはいえ、自分がやることすべてに誇りを感じているわけではない。ダンスや歌や外国語を話す能力には何のプライドもない。ひどく下手だからだ。それに、自尊心に関係ないので、バカな質問をしても、初心者丸出しでも、スキルをマスターしようとして何度も失敗しても、きまり悪く感じることはない。

本当のことをいうと、私はビジネスを始めたころ、ビジネスがとてもうまいわけではなかった。そのおかげでたくさんの質問を繰り返すこともバカに見えることも、間違えることもできたのだ……学びの曲線がグッと伸びたのも、その結果だ。

この最後の観察結果から、成功の重要な原則がわかる。私はこれを**「失敗促進の秘訣」**と呼んでいる。

失敗促進の原則はこうだ——**複雑なスキルを伸ばすためには、進んで間違え、失敗をがまんすること。間違いを犯し、その失敗で苦しむ時期が早ければ早いほど、スキルを修得するスピードが速まる。**

ＥＴＲでは、この秘訣を管理職の人たちに教え、部下に失敗させるように勧めている。ただし、やみくもに失敗することでもなければ、同じ間違いを何度も繰り返すことでもない。知識を追求する過程で失敗したのなら、失敗してもかまわないということだ。

ゴルフや柔術をやる人なら、これが正しいことだとわかるだろう。間違いを避けることに集中して緊張度を増すと、学びのスピードが極端に遅くなる。リラックスして、「間違えても仕方ない」「間違いから学ぼう」という態度であれば、すぐに進歩する。

まずは謙虚であることだ。謙虚になって、新しいことを始めるときには、うまくできない可能性が高いという事実を受け入れよう。

謙虚さは自然が最初にくれた贈り物

プライドがあると、自分に能力がないことを認めたくなくなる。けれど、私たちはみな、学ぶときには能力がない。

赤ちゃんがどのようにして歩く方法を学ぶのかを考えてみよう。ハイハイから始めて、次に「前のめり」(私の兄がそう呼んでいる)になり、それから、酔っ払いのように歩いて、最後に完璧に歩けるようになる。赤ちゃんはそれを恥ずかしがったりしない。誇りを感じていないからだ。

6、7歳になるまでプライドが人間の心に入り込まないのには、理由がある。それまでは学ぶことが多すぎるから。ただそれだけだ。よちよち歩きの赤ちゃんにプライドがあれば、しっかりと歩いて話せるようになるのに、何年も、いや何十年もかかるかもしれない。

謙虚さは非常に評価の低い美徳だ。**謙虚さには少なくとも重要な3つメリットがある。**

1．より愛される。
謙虚な人——特に、素晴らしい結果を出しても謙虚な人——は人からとても好かれる。

2．協力しやすい。
謙虚な人は周りから協力してもらいやすい。というのも、気の強い人に対して自分の考えを無理強いしようとしないからだ。

3．素早く簡単に学べる。

謙虚な人は質問したり、間違えたりできて、失敗してもきまり悪く感じない。これは、彼らを助けたいと思う善意ある人たちの関心を引く。謙虚な人は最高の師を得て、その師から多くを学ぶ。

謙虚さが解決策なら、誇り高き人はどのようにすれば謙虚になれるのか。

重要なのはここからだ——失敗を恐れないようにする実践的なプランについて話そう。それには次の方法がある。

１．真実を受け入れることから始める。

あなたはよい人だ。でも、それは何でも上手にできるという意味ではない。鏡を見て、身につけたいスキルを考えてみよう。それから、「今は、（スキルの名称）ができないという事実を認めます」と声を出して言ってみる。この練習を、気にならなくなるまで繰り返そう。

２．自分に能力がないことを、無関係な人に告白する。

鏡の前で言えたら、今度は生きている人の前で話してみよう。あなたにその能力がなくても関係ない人たちに対して、「できない」ことを告白することから始める。スペイン語の先生に、人前で話せないと告白しよう。そして、パブリックスピーキングのコーチに、スペイン語が話せないと告白しよう。優雅にかつユーモアを交えてできるようになるまで、この練習を繰り返そう。

３．自分に能力がないことを、その能力と関係のある人に告白する。

語学が得意でないことをスペイン語の先生に告白しよう。不器用なことをダンスのインストラクターに告白しよう。１回きりではなく、何かで間違えるたび、失敗するたびに繰り返すこと。優雅にかつユーモアを交えて行うこと。今流行りの心理学者がいうところの、感情を「自分のものにする」のだ。

4．自分に能力がないことを、あなたを叱責できる立場の人に告白する。

　これは究極のテストだ。この次、仕事で難しい課題に自ら志願したときには、「成功する前に失敗するかもしれない」と上司に告白しよう。優雅にかつユーモアを交えて行うこと。そうすれば、その結果に驚くだろう。上司は、即座にクビにはしない（その上司が本当に無能であれば話は別）。むしろ、あなたの謙虚さを称えるはずだ。つまり、上司は、あなたが本当に能力のない人ではないとわかっている。上司が望むのは、できるようになるまであなたが真剣に取り組むことなのだ。

　私が悟ったのは、生産性が高く、成功している経営者なら、嬉々として「こんなことやあんなことをやってみようと思う。ボロボロに失敗するかもしれないが、しまいに成功すれば……どんなに素晴らしいか考えてみよう！」と話すということだ。
　それこそ、あなたが会社に望むものであり、あなた自身に望むものである。喜んで——大喜びしてもいい——**最後に成功するまで試行錯誤をすることで、失敗に対する恐れに打ち勝とう！**　試行錯誤を経て、最後に成功するまで。エジソンもそうやって電球を発明した。マイケル・ジョーダンも、そうやってごく普通の高校生バスケット選手から、歴史に残る偉大なスタープレーヤーに変わったのだ。
　彼らは失敗を恐れなかった。あなたも恐れてはいけない。

「なりたい自分」に生まれ変わる方法

「作家になりたいのなら、書かなければ」
　父がこんな優しい（と同時に残酷な）ことばをかけてくれたのは、私が16歳のときだった。私はこのことばを決して忘れない。
　私が初めて「作家になりたい」と思ったのを覚えているのは、11歳か12歳

のころだ。学校で、シスター・メアリー誰それの詩を書いた。四行連（AABB）のタイトルは、ぬけぬけと「How Do I Know the World Is Real?（世界が本物であるとどうすればわかるのか）」にした。

キッチンテーブルにいると、父が私の肩越しにのぞき込んでその詩を読み始めた。私は不安だった。父は、優秀なライターであり、賞をもらうほどの脚本家であり、シェークスピア研究者であり、文学の教師であり、詩にも造詣が深い。

土曜日の朝は、背中を丸めながら学生のエッセイに目を通してブツブツ言うのが常だった。ときには、声に出して母に聞かせていたが、私にはまったく遜色なく聞こえるエッセイでも、2人は小バカにしたような笑い声を立てていた。

父は、名文を書くための自分だけの秘密のヒントを理解していた。私は、自分の未熟な若い詩を父の恐ろしいほど鋭く批判的な目に触れさせるのがつらかった。それで、早くどこかに行ってほしいと思いながら、キッチンテーブルに座っていた。でも、父は動かなかった。肩に父の手が触れるのを感じた。優しくて温かい。そして、「お前には、執筆の才能があるかもしれない」と言ったのだ。

それから何カ月か、私は詩をたくさん書いた。そして、作家になることを考え始めた。「作家になる」と考えるだけでいい気分になったが、すぐに別のことで頭がいっぱいになった——タッチフットボールやジュニア・ポリス・クラブ、それに女の子だ。次第に書くことから遠ざかった。でも、「作家になりたい」という思いはあったので、書かないことに対して罪の意識を持つようになった。

その罪の意識を軽くするために、——ほかの活動は「人生経験」である——目指す作家になるには人生経験が必要だと考えた。私は、この書かないことに対する言い訳を正当化しながら、夢をあきらめるときに多くの人の心に芽生える自己欺瞞の構造を構築していった。

外から見ると何もしていないように見える。けれど、内側では変身中であり、これはなりたいものになる次にいいことだと自分で自分に言い聞かせたのだ。
　そんな妄想を抱いているとき、父から言われたのだ――。
「作家でありたいのなら、書かなければダメだ。作家というのは、書く人のことを指すのだから」

　多くの人は、「こうありたい」と思うものになれずに生活している。それは始めるタイミングを見つけられないからだ。
「いつの日か、ずっとやりたいと思っていたことをやるぞ」と誰かが話すのを幾度となく耳にしたことがあるのではないだろうか。世界を旅して回る、絵を描く、本を書く、さまざまだ。
　そうした思いを耳にして、あなたはどう思うだろうか。うれしくなる？　いつの日か、その人の長年のゴールが達成されるときが来ると確信しているから。あるいは、悲しくなる？　決して実現されないと知っているから。

　あなた自身はどうだろう。なりたいのに、なっていないものとは何だろう。実現するぞと言い続けるも、いまだに実現していないゴールやプロジェクトや課題は何だろう。
　父は私に「作家は書くのが仕事だ」と言ったが、それには２つの意味がある。

１．書くのを止めた時点で、私には自分を作家だと呼ぶ資格がなくなった。
２．再び書き始めれば、またその肩書きを手にできる。

　しばらくこのことを熟考すれば、不安と自由の両方を感じるかもしれない。

私は不安にかられた。作家になるには、執筆に関する文献を読み、執筆の授業を受け、作家の弟子になり、それから少しずつあちらこちらで書き始めるといい。そんなふうに父に言ってもらいたかった。そうであるならば、3年から10年をかけて教育やら準備やら技能やらを身につければ、どうにかこうにか自動的に作家になれる。
　しかしながら、私が作家になるために勉強をしたり、準備をしたりしている限り——実際には書いていない——、私は作家ではなかった。実に単純な話だ。

　多くの人は、夢を見続けることも、ある程度自尊心を満足させることもできると感じている。つまり、夢を見て、自分は今、変身する過程にあると思うだけで満足できるのだ。
「今はまだなりたい自分ではないけれど、そういう人になりたいという思いを示している限り可能性はあるし、可能性があること自体素晴らしい」
　作家になるため、私がまずしなければならかったのは、作家になりたいと思うことで精神的な拠り所を得るのを拒絶することだった。当初、「変身中はなりたいものになることと同じくらい価値があるという幻想」を手放すのはショックだったが、私には変身段階を飛び越えて、なりたいものになることしか選ぶ道は残されていなかった。

　私はそれを書くことで実現した。毎日だ。
　やがて、早起きして朝一番に執筆するという秘訣——人々が仕事を始める何時間も前——があると知った。私が本当に夢見た生活を実現できるようになったのはそのときからだ。
　このところ、私は毎朝7時半にはホームオフィスのパソコンのスイッチを入れる。朝一番にものごとにとりかかることほど気分のよいものはない。日記に文章を書き込むのがいつものパターンだが、ときには、もっと大変なこと、たとえば、本の章の執筆に取り組むこともある。作家には楽しいことが数多くあるが——原稿を仕上げる、編集者とタッグを組む、刷り上がったば

かりの本を初めて目にする、その本をベストセラーのリストに加える——、私にとって何よりも純粋にうれしいのは、早朝の数時間、作家の醍醐味を楽しむひとときだ。

　私が思うに、作家であることで一番よい点は、書くことだ（これは最悪な点でもあるのだが、それはまた別の話）。これはどんなスキルにも職業にも当てはまると思う。

　特別な何かになる最も簡単な方法は、最も早い方法でもある。つまり、始めること。ただそれだけ。「正しい」**タイミングを待ってはいけない。資格がないからと不安がってもダメ**だ。それに、**稼げるかどうか心配する必要もない。ただ始めるだけでいい**。

　ミュージシャンになりたい？　それならピアノを始めよう。

　慈善家になりたい？　それならまずお金を注ぎ込もう。

　バスケットボール選手になりたい？　それならバスケットめがけてシュートを始めよう。

　1分たりとも、これからやること……つまり、いつの日かやることについて話すために時間を使ってはいけない。

自分は向いていないと思ったときの対処法

　成功の大御所たちは、自信喪失のことをまるで破滅的な習性のように語っている。インスピレーションを説くウエイン・ダイアーは、著書『自分を掘り起こす生き方——生きるのに必要な"富"はすべてここにある！』（三笠書房）で次のように書いている。

「疑念は自我によってつくられたものであることを決して忘れないでください。疑念は、より高次のスピリチュアルな部分ではありません。そう認識していれば、自ら疑念を抱くことを選ぶのではなく、その様子を観察する方法

を学べます……（中略）……それから、疑念が文字どおり、どのようにして、あらかじめ決められた限られた方法で行動するようあなたに強いるのかを観察しましょう」

　望むゴールを達成できるだけの能力が自分にあるかどうか疑うことは、困難な目標に取り組み始めるためには、特にその目標がキャリアに関する場合には、健全で賢明な方法である。ほぼ不可能か、まったく不可能かを見極めるときに、むやみやたらと楽観的なのは、愚の骨頂といえる。できる限り実り豊かで、できる限り悲嘆にくれなくてすむような人生を歩みたいのなら、チャレンジに対して、「**自信＋注意喚起＋情熱**」のアプローチをとるべきである。

　私は最近、50歳をちょっと過ぎた女性にセミナーで出会った。その女性は、詩とイラストを書き、5年で100万ドルのビジネスを立ち上げたいと話した。その目標金額で躊躇しないのなら、ビジネスのゴール自体がおかしいに違いない。あるいは、そのビジネスのゴールがとんでもないものでないというのなら、自分のライティングスキルを謙虚な気持ちで判断していれば（詩を1篇見せてくれた）、本人も冷静になっていていいはずだ。
　そこで、仕事を変える前に、児童書の市場を調べて、私の著書『Seven Years to Seven Figures（7年で100万ドルを手にする方法）』を熟読するといいでしょうとアドバイスをしたら、彼女はまるで頬を叩かれたかのように私を見た。
「プラス思考を信じないのですか？」
「思考なら、大いに信じていますよ」と私は答えた。そして、その場を後にした。

　可能なことを実現する絶好のチャンスを得るためには、あなた自身と自分がやろうとしていることについて熟知したうえで、明確かつ焦点の定まった理性的な大志を抱いた心のあり方が求められる。そのため、最初に厳しい質

問をすることになる。

- 自分のゴールは現実的か。以前にやったことはないか。もしあるのなら何度か。試したけれどうまくいかなかったはどのくらいの頻度か。数字から見て、成功する確率はどのくらいか。
- ゴールの実現に必要なものを持っているか。知恵は働くか。学ぶ力はあるか。成功するための心のスタミナはあるか。

このテーマについて、「ETR」の読者で中年女性のシーラはこう書いている。

　私は35年前に児童文学の授業で、短編を書き、出版社に原稿を提出するという課題を与えられました。よい結果をもらえず、子ども向けの物語を書く夢はあきらめました。
　現在、仕事をやめたのですが、書きたいという思いが以前よりも強くなっています。自分には能力があるのか、それとも、夢はあきらめたままのほうがいいのか見極めるために、どのようなステップをとればいいのでしょうか。

　シーラには賛辞を贈りたい。彼女のキャリアへの意欲は、若いころのたった1回の否定的な評価に阻まれてしまったが、再び姿を現してきた。しかも、彼女には、夢に跳びつく前に、この賢明な質問をしてみようという分別がある。

疑念は信念の反対ではない。信念の要素の1つである。
　　　　　　　　　　　——パウル・ティリッヒ（訳注：ドイツ神学者）

彼女の質問には短くこう答えた——送ってもらった短い文章のサンプルを見る限り、子ども向けの短編を書く素質はあると思う。書くことは、学べるスキルだ。児童書を書くスキルは特別なものだが、さまざまな本やプログラムから得られるテクニックでもある。

そのスキルを習得するため、シーラは600〜1000時間を本やプログラムに費やさなければならないだろう。その前に、児童書の作家としてほどほどのお金を稼ぐ可能性があるのかどうか、金銭的な報酬がなくても数年間費用を負担できるほど経済的に余裕があるのかどうかを率直に評価すべきだろう。

最後に、毎日1人きりで4時間も5時間もキーボードを叩き続ける自分の姿を想像しなければならない。大学卒業以来、そういう経験がないのなら、今すぐ1週間ほど時間をつくって、書くというつまらない作業が、実際に彼女が想像するほどやりがいのあることなのかどうか確認したほうがよい。

プロとして働く児童書作家の話を聞くのも、準備段階として好ましい。短い時間でも軽く話ができれば、自分のやりたいことをすでに実践している人たちの経験から学びを得られるはずだ。

私が何を言ったところで、シーラが児童書作家になる夢をあきらめることはないだろう。前述のアドバイスはすべて彼女の質問に答えただけ——つまり、夢をキャリアに変えるために必要なスキルをシーラが習得できるかどうか判断したまでのことだ。

シーラのゴールが単に児童書作家になることであれば、今すぐ書き始めるべきだ。続けていくうちに手引書を研究する必要もあるだろうが、究極の学びは書くことにある。それに、書くことは今すぐにでも始められる——たとえ、書くことを仕事にしたいのか、憧れの職業のまま終わらせたいのかまだよくわからなくても。

シーラには、私がこれまで何度も指摘してきた点を忘れないでもらいたい——作家のような職業は、作家という仕事がどんなものなのかを調べてもなれるものではない。毎日実践し始めた瞬間になるものだ。今日から児童書を

書き始めて、1年間書き続ければ、シーラは自らを「作家」と呼べるようになるだろう。

大きくジャンプする タイミングの見極め方

　ビジネスを続けていると、何かを実践したり、何かを販売したりするチャンスをつかめることがときどきある。あなたには、それが絶好のチャンスであることが明白だ。

　そもそもあなたには時間も知識もそのチャレンジに必要な資金や人材もない。もしあなたが良識ある人なら、「ありがとう、でも結構です」と言って身を引くところだろう。でも、もしそれが千載一遇のチャンスであれば、ひょっとしたら「グランドキャニオン・ジャンプ」を試してみたくなるかもしれない。

　私が思い浮かべているのは、グランドキャニオンをオートバイで跳んだ、ロビー・クニーベルの有名なジャンプだ（ロビー・クニーベルは、命知らずな伝説のスタントマン、イーベル・クニーベルの息子）。私が聞いた話では、このアイデアのもとになっているのは、父親が失敗した同じスタントだという。

　私は自分が初めて「グランドキャニオン・ジャンプ」をしたときのことを1つ覚えている——本物と比べれば、ずいぶんスケールの小さなジャンプだが。あれは10年以上前、「ＥＴＲ」を始めたばかりのころで、それまでダイレクト・マーケティングで培ってきた内容をインターネットに利用する方法を模索している時期だった。私はインターネット・マーケティングについてセミナーで話してほしいと頼まれた。問題は、そのテーマについて私にはほとんど知識がなかったことだった。どう考えても講演ができるほど詳しくはなかった（効果的なスピーキングのルール No.1：話す内容について熟知し

ていること)。

　それでも、プレゼンテーションをすることに同意した。なぜなら、そうすれば、私のビジネスの中でも重要で成長を続けている分野について、嫌でも考えざるを得ない状況になるだろうと目論んだからだ。私は話すことに同意しただけではなく、講演のタイトルにも同意した(「7 Myths About the Internet and 7 Ways to Profit from It(インターネットの7つの神話とインターネットで儲ける7つの方法)」)。このタイトルは、当時の私の経験からすれば、大胆としか言いようがなかった。それからというもの、私は何度も大ジャンプを繰り返した(これが私の著書『大富豪の起業術』の哲学の背景にある)。

　心底やりたいことがあるのにそのやり方がわからないときは、ただやることに同意するわけではない——やるときにはうまくやる。そう自分と約束するのだ。私は自分でハードルを高く設定する。私がやっているのはおそらく、屈辱に対する恐怖でやる気に火をつけるということなのだろう。
　結果は上々だ。ほとんどの場合。
　「7 Myths About the Internet and 7 Ways to Profit from It」の講演では、私は自分を追いつめた。というのも、そうしなければならなかったからだ。ほかの人がやっていることも読んだ。うちのスタッフがやっていることも観察した。何が効果的で、何がひどい失敗に終わったか。自分でもいくつか試してみた。その結果、目覚ましい進歩を見せた。実際、わずか2カ月で、インターネット・マーケティングについて書かれた内容のうち8割を自ら経験した。その中には、あまりにも単純すぎてつまらないものもあれば、明らかに間違っていて腹立たしく感じたものもあった。
　何週間か過ぎて、プレゼンテーションの日が近づいてくると、自分がこのテーマについて一生懸命考えていることに気づいた。それまで以上に、私が詳しく知っているほかのメディア(ダイレクトメール、印刷物の広告など)が私をインターネットに結びつけてくれたのだと思うようになった。少しずつ、アイデアがまとまっていった。

実際に講演するときには、使えそうなアイデアや「これで間違いない」と思えるコメントがいくつも思い浮かんだ。その多くは、世間の常識を覆すものだった。その後、ほかのプレゼンターの話を聞くと――何が成功して、何が失敗したのか、それぞれ講演者のケース――、どれも納得できた。
　プレゼンテーションはうまくいった。気分も上々だ。
　プレゼンテーションの最中はのりにのっていて、「みんなちゃんと聞いてくれよ、これは本当に重要だから！」と思いながら話していた。聴衆からもよい反応が返ってきた。
　何よりも重要なのは、得たいと思ったことが得られたことだ。つまり、これまで私を助けてきた――これからも助けてくれる――アイデアの基盤が、インターネットでも稼いでくれるということである。

　世間の最近の様子では、今の職場にしがみつくのが精いっぱいで、それ以外に何かをやろうとすると、とてつもなく大変なようだ。確かにそうなのだろう。だからこそ、なおさらグランドキャニオン・ジャンプをすべき理由がある。
　あなたが今までやっていないこと、もしくは、長いキャリアで考えればとてもよいかもしれないのに断ってしまったことを思い浮かべてほしい。インターネットでの販売方法を学ぶというように一般的なこと、あるいは、次の営業用プレゼンテーション資料の作成やペイパークリックのキャンペーンのように具体的なことでもいい。
　次のステップは、**自分の意志を発表する**ことだ。**関係者に連絡して、あなたがやろうと決めたことを知ってもらうようにする。**

　最後に、**自分のハードルを高くする。**設定した基準があまりにも高いため、冗談もしくは見栄を張っているようにしか見えないかもしれない――それから、実際にどうやって実現するのか考え始める。
　物理の法則は変えられない。ロビー・クニーベルがジャンプしたのは、グ

ランドキャニオンの最も広い部分ではなく、「狭い」部分だ。それでも、やってのけた。この結果は、彼が求めていた一時的なキャリアアップをもたらしただけでなく、いつまでも人々の記憶に残るスタントも生み出した。

さぁ、これからどうすればいいだろう。いつ——そして、どのように——あなたは自分のグランドキャニオン・ジャンプを跳ぶのだろう。

記録することで進捗状況をチェックする

あなた自身で自分の人生を計画している場合、取り得る行動の中でも最も重要なのが、**自分がそれまでどこにいて、今どこにいるのかを監視する**ことだ。このシンプルなステップを踏めば、自分で設定した目標がどんなものであれ、しっかりと実現できるようになる。

たとえば、健康を見てみよう。減量したいのなら、変化を記録につけると実際に目標を達成しやすくなる。

フィットネスの専門家、クレイグ・バランタインが、ブラウン大学医学部とドレクセル大学の研究チームによる調査結果を教えてくれた。調査のテーマは、絶えず「体重測定」することが体重の維持に影響を与えるかどうかだ。

その年の暮れ、毎日体重を測っていた対象者のほうが、体重測定の頻度が低い人よりも体重が減少し、その減量分を維持できたという結果が出た。「減量した後、常に体重をチェックすることは、間違いなく体重維持の重要なポイントになります」とグレイグは指摘する。

この話を聞いて、私は著書の『Automatic Wealth（自動的な富）』で勧めた内容を思い出した。同書には、あなたの目標が豊かになることであれば、定期的に純資産の数字をつけておくといいと書かれている。

金儲けで非常に成功している人たちは、必ず定期的に自分のお金を数えて

いると思う……（中略）……定期的に財産を評価しているのだ。実収入が増え、豊かであることに慣れてきて、収入にも自信が持てるようになると、数える回数が減る。スーパー金持ち——たとえば、ウォーレン・バフェット級の豊かさ——だと、お金を数える必要がなくなる。雑誌『フォーチュン』やそのほかの組織が山ほど彼らの代わりに数えてくれるからだ。でも、金持ちになるまでは、自分自身の手で金額を数える。それが、あなたにお勧めしたいことだ。

具体的に言うと、**毎月個人のバランスシートをつけよう。表をつくり、財産すべてと債務すべてを書き出す。**貴重品に株、債権、投資信託、金、不動産（自宅は除く）などだ。

たったこれだけのことが、考え方だけでなく行動にもどれだけ影響を与えるのかを知ると、きっと驚くに違いない。

私は偶然にも、一般的なゴール設定に同じ論理が当てはまることを示した調査を見つけた。**ゴールを書き出して、定期的にチェックしていると、達成できる可能性がずいぶんと高くなる**という。

たとえば、DayTimer.com が行った最近の調査では、**収入が最も高く、仕事で最も成功している米国の労働者は、ゴールを書き出している人**である。こうしたスーパースターは日々の課題も書き出す習慣があり、ゴール達成に役立つように優先順位がつけられている。逆に、キャリアや金銭的なゴールを書き出していない人の70％以上が、毎日やると設定したことを９％しか達成していない。

そのため、次の３点を定期的にチェックしよう。

１．あなたの体重（体脂肪率だとなおよい）
２．あなたの純資産
３．人生のゴールに対する進捗状況

さぁ、チェックを始めよう！

成功者のスキル

PART 6

あなたが メンターから 学ぶことは 何か

　ある男性が自分の人生を振り返ってこう言う。
「今知っていることを、あのとき知っていたら」
　自分がなりたいと思う成功者になるには、10年かそれ以上の年月が必要かもしれない。だが、**メンターの力を借りれば、成長曲線を短くすることはできる**。もしかしたら大幅に短縮することだってできるかもしれない。
　自分の分野の経験豊富な人物からの助言と経験とサポートを得られれば、最も犯しやすい間違いを避けることができる。厄介な問題を克服して、成功への近道を見つけよう！
　今、あなたが自分のキャリアのどの段階にいるかは関係ない。優れたメンターはかけがえのない存在になってくれるはずだ……。

　ジョンソン＆ウェールズ大学のエリオット・リーダーシップ研究所の委託で行われた調査の結果もそれを裏づけている。この特別な研究のため、外食

産業とサービス業界の上・中級管理職を対象に、リーダーの能力ついての調査が実施された。

その結果、メンターから学んだリーダーは、その経験がすこぶる有益なものだったと感じていることがわかった。リーダーに求められるあらゆるスキル、たとえば意思決定、戦略的思考、プランニング、コーチング、効果的な部下の扱いなどを身につけるために、メンターに大いに助けられたという。

私自身、仕事人生でこれまで出会ってきたメンターたちをいつも手本にしている。大学卒業後に最初に就職した会社の上司だったレオからは、忍耐力と断固とした決断の大切さを教わった。

あるとき、レオは私に100回以上もホンダに電話をかけさせて、（ガス欠のために）ダメになったエンジンを新しいものに交換してくれるよう交渉させた。こちらに有利になる交渉材料など何ひとつなかったのに、レオは絶対に私にあきらめることを許さなかった。

最後にはホンダの上層部にまで話が上がり、結局、私たちとの話し合いにこれ以上時間を浪費できないと考えた彼らは、こちらの求めに応じたのだ！

私は正直なところ、本当なら権利のないものを手に入れるなんてよい気持ちはしなかったのだが、このときに教わった粘り強い交渉術に関しては決して忘れることがなかった。

2人目のメンターのジョエルからは、たくさんのことを学んだ。最初に学んだのは――私をクビにしたがっている女性を逆にクビにしたことを通して――、優れたリーダーは自分の周りを最も優秀な人材で固めなければならないということだ。

それから間もなく学んだもう1つの教訓は、ビジネスの基本にかかわることだった。

「売り込んでみなければ、何も起こらない」

ジョエルは辛抱強く説明してくれた。

ビルは私のクライアントであり、パートナーであり、パートタイムのメンターでもある。もうキャリアもかなり後半になってからのことだが、彼からはよりよいリーダーになるための2つの重要なビジネスの秘訣を学んだ。
　まず、自分の足元に転がるすべての問題を解決しなければならないという強迫観念にかられることがなくなった。ビルがつまらない小競り合いを何度も無視して、そのほうがずっとよい結果につながっているのを見てきたからだ。
　最近では言い争いに巻き込まれる前に、自分にこう問いかけることにしている。
　「この連中は、最後には自分たちで満足のいく解決策を思いつくことができるだろうか？」
　答えがイエスなら、私は何もしない。ビルのおかげで、商品の質に価値を置くようにもなった。

　ジョエルとの関係を通してものを売り込む秘訣をマスターした私は、商品自体の質を軽視する傾向があった。要するに、まさしくエスキモーに雪を売ろうとしているマーケターの1人だったのだ！
　ビルと働くことを通して——彼はいつも品質だけに集中していた——質を強調することで、どれだけビジネスがうまくいくかを教えられた。
　自分のキャリアを大きく前進させるために何を学ぶ必要があるか、おそらくあなたはまだ見当がつかない状態だろう。だが、**すでにそれを経験した人なら、何をすべきかわかっている。その人の力を借りれば、あなたの将来は大きく変わる**ことになるだろう。

正しいメンターを見つける

　自分のいる業界を見回して、**成功したビジネスリーダーでこの2年から5年の間に引退した人を5人探してみよう**。この2年から5年という時間枠が

重要だ。

5年以上前に引退した人たちは、もう現在の業界の事情には通じていないかもしれない。引退して2年経っていない人は、まだ引退生活に飽き飽きして仕事をしていたころをなつかしく思ってはいないだろう。

見つけた5人に短い手紙を書き、彼らのキャリアに対して心からの称賛の気持ちを伝える。素晴らしい業績に賛辞を送るのだ。そして、あなた自身のキャリアについて助言を求める。

まずは昼食に招待するか、もし離れた土地に住んでいるのなら、電話で15分だけ話す時間をもらえないか頼んでみよう。絶対に——強調しておくが、絶対に——助言に対して謝礼を支払うことは口にしてはならない……まだこの時点では。

おそらく5人のうち1人はあなたの招きに応じ、少しばかりの時間を割いてくれるだろう。話してみて相性がよさそうだと思えば、メンターを1人見つけたことになる。

リーダーシップについて
ダンスから学んだこと

私がリーダーシップについて学んだ最も重要な3つの教訓は、ダンスフロアで得たものだ。

10年ほど前、妻のKと私は社交の場でダンスを踊らなければならなくなったときの恐怖を克服しようと決意した。そこで、社交ダンスのインストラクターを雇って、基礎を教えてもらうことにした。スローなダンスを1曲、テンポの速いダンスを1曲、そして、初歩的なサルサを1曲。

目標がシンプルだったので、2人並んでフットワークを学んでいるうちは、すぐに上達できた。ところが手の動きを加えて2人で踊ってみると、まったくひどいことになった。妻は彼女なりの考えで動こうとし、私は私の

考えで動いていたのだ。

　数分のうちに、私たちが踊ろうとしているダンスは、グレコローマンスタイルのレスリングの試合のようになっていた。妻が私を一方に引っ張り、私は彼女を別のほうに押そうとする。インストラクターはこの問題を解決しようと、もっと滑らかに踊るように注意した。それがうまくいかないとわかると、私たちを座らせて、ちょっとした講義を始めた。
「ダンスにはパートナーシップが必要なのです。でもそれは、男性がリードして女性が従うという形のパートナーシップです」
　インストラクターは妻のほうに視線を向けた。妻は彼をにらみつけている。
「従うのは嫌でしょう。でも、2人でうまく踊りたければ、そうしなければなりません」

　彼がそう言ったときの私の表情は想像できると思う。何とかがまんしようとしたのだが、顔がにやけるのを抑えることができなかった。そう、社交ダンスの世界では今も変わらず男性がリードするのだ。
　これは、よい夫婦関係を保つ方法としても、一般常識からしても、ひどい矛盾にほかならない。というのも、たいていの女性は少しばかりはダンスを踊ることができるが、往々にして男性は踊り始めたとたんに滑稽に見えてくるからだ（自分でもそう感じているだろう）。
　たとえそうでも、ダンスフロアは伝統が支配する。いくら男性の動きがフレッド・アステアというより『天国から落ちた男』のスティーヴ・マーティンに近くても、男性である限りはリード役を務めなければならない。
「これを聞くと誰もがショックを受けますが、このルールさえ守ればうまくいきます」
　インストラクターはそう説明した。

　妻にとってはかなりの試練だった。それからの30分、途中で何回か挫折し

そうになった。
「こんなこと、できそうもないわ!」
　その声を聞いて、私は背筋がヒヤリとした。
「リードに従うことを覚えるのは、簡単ではありません」
　インストラクターが同情したように声をかける。
「一種のスキルなのです。人によっては覚えるのが難しい。1つには、パートナーがしているのと同じ動きを逆向きにしなければならないからです。もう1つ重要なことは、相手が間違った方向に動いていると思っても、男性のリードに従わなければならないことでしょう」
　妻はどうしても納得できない。
「彼が後ろ向きに踊ることを覚えたらどうなの?」
　インストラクターは妻に微笑んだ。
「彼に本当にできると思いますか?」
「きっと無理ね」
「それに、彼のリードがうまくなれば、リードされているのを楽しく感じられるようになるはずですよ」
「そうだといいけれど」
　妻はそう言い、何とかリードに従おうと懸命に努力した。

ダンスとビジネスのある共通点

　インストラクターはすぐにもう一度私たちをストップさせ、二度目の講義を始めた。
「リードするのは、パートナーを手荒に振り回すことじゃありませんよ」
　彼は私に厳しく言った。
「リード役は、相手を思いやらなければならないんです。マスターソンさん、あなたはこれまでのところ、ほとんど気配りを見せていませんね」

今度は妻のほうがにやける番だった。

私は弁解のことばをまくしたてた。

「気配りは苦手なんですよ。いつも避けて通ってきたんです。私のような男性たちのために、『30日で完璧に無神経になる方法』というタイトルの本を書こうかと思ったくらいですから」

インストラクターにはこの冗談が通じなかった。彼は腕組みをしてゆっくりと首を振ると、私のことをカーペットの上におもらしした犬を見るみたいに見つめた。

「パートナーを小突き回しているうちは、うまくリードすることはできません。暴漢を相手にしているみたいで、彼女はあなたと一緒に踊ってもまったく楽しくないでしょう。うまくリードするには、どの瞬間にもパートナーがどこにいるかを正確にわかっている必要があります。目で見なくても、どちらの足に体重をかけているかを感じ取り、彼女の動きのテンポ、力、弱い部分、すべてを把握していなければなりません。そして、彼女を自分の腕の中に抱いて動くときには、常にそのことを頭に入れておくのです」

「それ、文字にして、彼に血印を押させてほしいわ」

妻が口をはさんだ。

「時間はかかるでしょうが、3つのルールに従う意思があれば、この牛みたいな人をリード役に変身させることはできると思いますよ」

正直に言えば、その3つがどんなルールなのか、私は興味を引かれていた。そして、実はとてもシンプルながら、とても効果のあるルールだとわかった。それに従ってみると、すぐにダンスは上達した。もっと重要なのは、それが後になってから優れたビジネスリーダーになる方法を理解するうえでも役立ったことだ。

その3つのルールを紹介しよう。

1．動く前に何をしようとしているかを意識する

ダンスフロアでは：インストラクターが説明する。

「男性が犯しがちな大きな間違いの1つは、次にどう動くかを直前の判断で

決めることです。それではパートナーに合図を送る間もない。だから押し合いになってしまうのです。上手なダンスとは正反対です。それを避けるのは簡単です。自分が次にどんな動きをとるのかがわかっていれば、正しいタイミングでパートナーに合図を送ることができますから、相手はあなたのリードに優雅に従うことができるのです」

　私のリードがどれだけひどいかを示すために、インストラクターは私に妻を腕に抱いているつもりで１人でサルサを踊るように言い、それをビデオに撮った。そして、映像を見せて私の動きのぎこちなさを指摘した。
「こんなふうに見えるのは、次のステップを決めるのに時間をかけすぎているからです。１人で踊ってさえぎくしゃくしているのだから、２人で踊ればどうなるかは想像できるでしょう？　彼女はあなたの唐突な動きについていこうと必死になってしまいます」

　ビジネスでは：自分のビジネスについて長期的なビジョンを持つことは、どんなダンスを踊りたいかを把握するのと似たところがある。優れたリーダーになるにはそれだけでは足りない。ビジョンを達成するために必要となる短・中期的な課題についても明確にイメージできている必要があり、それをパートナーにも伝えなければならない。ここでいうパートナーとはつまり、従業員やベンダー、サプライヤーなど、長期的なビジョンを達成するために一緒に働いてくれる人たちである。

２．自分の意図はハッキリ伝える
　ダンスフロアでは：まずうまくリードするスキルを上達させるために、私はとっさの判断で急に動きを変えたりすることなく３種類のダンスを完全に自分のものにするまで、１人でステップの確認を続けた。それができたところで妻と一緒の練習を再開した。
　今度はずっとよくなったが、まだ問題は残っている。ときおり妻がためらったりつまずいたりしてしまうのだ。「私が彼女より早く覚えなければな

らないんだ」と、私は思った。インストラクターの考えは違っていた。
「リードの仕方がよくないですね」
「でも、自分の次の動きはわかっているんだよ。それに、合図もきちんと送っている」
「そうでしょうか」

　そう言うと、インストラクターは妻の代わりに私のパートナー役になった。

　彼は大柄で、がっしりした体格をしていた。男同士でダンスを踊りたいという気持ちになったとしても、彼を相手に選ぶことはまずないだろう。それでも、私はできる限り努力して彼を完璧にリードしようと試みた。

　ほんの何回かターンをしただけで、彼は私を止めて言った。
「思ったとおりです。あなたの合図の送り方は十分じゃありません」
「だけど、力ずくはよくないと思って」
「そのとおり。力ずくにならないようにするには、ハッキリした力強い合図を送ることです」

　インストラクターは自分がリード役になって、手本を見せてくれた。それに素直に従っていると、体の中で男性ホルモンが噴きだしてくるのがわかる。妻はニヤニヤしながら楽しそうに観察していた。

　私は気がついた。インストラクターの合図――背中へのいろいろな種類のタッチ――は、外から見ている人にはほとんどわからないだろうが、私にはハッキリわかる。彼が言ったように、それは力強くハッキリした合図だったからだ。

「リードする男性がどっちつかずの合図を送ると、うまく従うことができなくなります。合図が強くなるほど、従うのが簡単になるのです。そして、パートナーがリードに従いやすくなるほど、あなたのダンスは上手に見えて、彼女はあなたと一緒に踊るのが楽しくなるはずです」

　ビジネスでは：パートナー（従業員、ベンダー、サプライヤー）に何を望

むかをわかっているだけでは十分ではない。それをハッキリ相手に伝えて、彼らにも何が望まれているかを知ってもらわなければならない。理解するための時間を十分に与えることも大切だ。

3．パートナーの力を引き出すようにリードする

　ダンスフロアでは：それから何回かのレッスンでは、合図をよりはっきり、違いがわかるように送るという課題に熱心に取り組んだ。そして思ったとおり、私が彼女のせいにしていた妻のステップの間違いはほとんどなくなった。それでも、インストラクターから「上手なリード役」のお墨つきをもらう前に、もう1つ学ばなければならないことがあった。

「ずいぶん上達しましたね」
　ある日、私たちが3種類のダンスをなかなか優雅に踊ってみせると、インストラクターはそう褒めてくれた。
「でも、もう1つ必要なことがあります。それをマスターすれば、次のレベルに進めますよ」
　私たちは、それがなんなのか知りたくてたまらなかった。きっと華麗な足さばきとか、でなければ姿勢とかタイミングに関係したことだろうと思った。
「Kさんが特に上手にできるターンが3種類あります。でも、そのターンをあまり多く使っていないようです。多いのは、マスターソンさん、あなたが好きな動きのようですね」
　そう言うと、インストラクターは私をじっと見つめた。
　私はまたしても、カーペットの上におもらしをしてしまった犬のような気分になった。そしてしょげかえった犬の気持ちで、尋ねてみた。
「だけど、自分の好きなことをしようとするのは自然でしょう？」
「自然ではありますが、間違っています。ダンスでは、男性の役割はリードすることですが、ダンスそのものの目的は女性を美しく見せることなんです」

「フレッド・アステアを思い出してください」と、彼は続けた。

「最も偉大なダンサーの1人です。彼と一緒に踊った女性たちは、誰ひとりとして彼と同じレベルの実力はありませんでした。それでも、彼はいつも女性たちから実力以上のものを引き出し、彼女たちの最も得意とする動きをさせて、ダンスの主役として輝かせました」

そんなふうに説明してもらうと、このルールは完全に意味をなした。そして、それを常に頭に入れておくことで、ダンスがどんどんうまくなった。

ビジネスでは：**自分のすべての努力を成功に結びつけたければ、あらゆるパートナー（従業員、ベンダー、サプライヤー）から最高のパフォーマンスを引き出さなければならない**。そして、それぞれが得意とすることを最大限に生かせるようにする。つまり、得意なことをする機会を（特に自分よりうまくやってもらえる場合は）相手に与えるということだ。

この3つの教訓はどれも、優れたリーダーシップを身につけるためには重要で、必要でさえある。ビジネスの発展の第1段階をすでに達成しているリーダーにとっては——言い換えれば、継続的な成長のためには才能ある多くの人の力が必要で、もはや創業者のエネルギーと能力だけで突き進む段階ではなくなったということ——、第3の教訓が最も重要になる（ビジネスの発展のさまざまなステージについては、前著『大富豪の起業術』で詳しく説明している）。

優れたリーダーになるにはビジョンが定まっていなければならない。それはつまり、**プランがあって、パートナーも次のステップが何であるかを理解している**ということだ。それは、次のステップに彼らが適切なタイミングで対応できるようにプランを正確に伝えるということで、要するに、**すべてのパートナーに彼らの得意なことをしてもらうスペースを与える**ということになる。

シンプルな問いかけには
無限の力がある

　英国でのビートルズ現象を伝えるニュースを聞いた15歳のマーシャ・アルバートは、地元ワシントンD．C．のラジオ局に、「なぜアメリカではああいう音楽が聞けないの？」と書き送った。
　マーシャの質問に刺激されたディスクジョッキーのキャロル・ジェームズが、英国人の客室乗務員から「抱きしめたい（I Want to Hold Your Hand）」のレコードを手に入れ、1963年12月17日にWWDCラジオの自分の担当する番組でこの曲をかけた。
　数分もすると、その曲へのリクエストがラジオ局に殺到した。数日のうちには、全米のラジオ局がこの曲を流すようになっていた。キャピタル・レコードは予定を3週間早めて、12月26日にレコードをリリースした。

　　悟りを与えるのは答えではなく、質問である。
　　　　　　　　　　——ウジェーヌ・イヨネスコ『Decouvertes（発見）』

　『The Beatles Are Coming! The Birth of Beatlemania in America（ビートルズがやってくる！　アメリカのビートルマニアの誕生）』の著者ブルース・スパイザーによれば、1964年2月9日にビートルズがテレビ番組『エド・サリヴァン・ショー』に出演したときには、7300万人（当時のアメリカの人口の40％という驚異的な数字）が番組を見たという。
　ビートルズ研究家のマーティン・ルイスは『USAトゥデイ』紙にこう語っている。
　「いずれにしても、ビートルズがアメリカを征服していただろうことは間違いない。だが、これほど早く、これほどの勢いでの全米進出は、マーシャ・

アルバートのラジオ番組への投書がなければ実現しなかっただろう。レコードが予定どおり1月13日に発売されていたら、冬休みの間に子どもたちが日に20回も彼らの曲を聞くことはなかっただろう。3週間で100万枚売れることもなかっただろう。ビートルズを一目見ようと、JFK空港に1万人の若者が押し寄せることもなかっただろう。マーシャはただビートルマニアを生み出しただけではなく、その勢いを加速させたのだ」

 これが、**たった1つのシンプルな質問が持ちうる力**だ。
「この席は空いていますか?」という古くからの決まり文句がなければ、出会うことも結婚することもなかっただろうカップルを考えてみてほしい。
 あなた自身の人生でも、「いいですか?」とか「していただけませんか?」とか、「彼がそうなの?」などの一言を言わなかったために失われた機会がなかっただろうか?

 1982年のことだが、私はワシントンD.C.の小さな出版社で、将来性のまったくないジャーナリズムの仕事をしていた。食べていくのが精いっぱいの、退屈でばかばかしい仕事をするだけで残りの一生を終わりたくなければ、新たな一歩を踏み出すべき時期だということはわかっていた。ただ、何をしたらいいのかがわからなかった。
 たまたまそのとき、妻のKがフロリダのキーラーゴで1週間の休暇を過ごす計画を立ててくれていた。彼女の兄がそこのジェットスキーのレンタル店で働いていたのだ。せっかくフロリダに行くのなら、そこでいくつか仕事の面接を受けてみようと思い立った。よい仕事が見つかると期待していたわけではなく、仕事がらみの用件を組み込むことで旅費を必要経費にしてしまおうと思ったのだ。
 とりあえず、使えそうな人脈は2つあった。1つは『ワシントン・ポスト』紙の上級編集者をしていた仕事仲間で、フロリダでの仕事につながる誰かを知っていそうだった。もう1つはボカラトンという町でニュースレターを発行している人物の名前と住所で、彼はそのニュースレターの宣伝資料を

私のところに送ってきていた。

　この2つの糸口を追いかけるには、いくつか質問をしなければならなかった。それは私がいつも苦手としてきたことだ。特に自分の聞きたくない答えが返ってくるかもしれないときには……。それでも、とにかく実行に移した。
　『ワシントン・ポスト』紙の友人には、「フロリダで仕事の面接を受けさせてくれるような知り合いが誰かいないかな？」と尋ねてみた。ボカラトンのニュースレター発行者には「あなたの会社で私ができるような仕事はありませんか？」と手紙を書いた。
　その結果、妻と休暇に出発するまでに、3社の面接を予定に入れることができていた。まず、『セントピーターズバーグ・タイムズ』紙の編集長との面接。次は『マイアミ・ヘラルド』紙のニュース編集者との面接。そして最後が、ボカラトンのニュースレター発行者ジョエルとの面接だ。
　休暇先に向かう途中で3人との面接を1つずつこなしていき、キーラーゴに着いたときには、3つの就職のオファーを手にしていた。3社の面接すべてで成功するなんて驚くべきことだ。それが私をジレンマに陥れた。

　ピュリッツァー賞をとって偉大なジャーナリストとしての名声を築くことも夢ではない成功への王道を進むべきだろうか？　それとももっと地道な選択をして、ジャーナリストとしては目立たなくても、努力をすれば大儲けする可能性がある道を選ぶべきだろうか？　どちらを選ぶべきなのだろう？
　その問いに本当に答えられるのは自分自身しかいない。それでも私は、誰かの意見を聞かずにはいられなかった。たとえその誰かが最もふさわしくない相手であっても。たとえば、ジェットスキーにガソリンを入れるのが仕事で、マリファナを常用している17歳の少年とか。
　私が長い話を終えると、彼は黙ってマリファナを取り出して一服し、それからあっさりと言った。
「ボカに行きなよ」

それは、あれこれ自己分析をして考え抜いたあげくに私が達した結論と同じだった。そしてその決断が、それ以来私が成し遂げてきた素晴らしい一連のビジネスの出発点になった。それもすべて、影響力を持つ人たちに思い切って連絡し、**タイミングよく正しい質問をしたことから始まった**のだ。

個人のパワーを倍増する「話し方」のスキル

どんな組織でも、権力は否応なく人を説得するスキルをマスターした人のところに集中する。手段は、インターネット上だろうと、電話だろうと、あるいは面と向かってだろうとたいして関係ない。重要なのは、自分のアイデアが価値あるものだと相手を納得させる能力だ。

世界で最も裕福で影響力を持つ人たちを思い出してみてほしい。ウォーレン・バフェット、オプラ・ウィンフリー、バラク・オバマ。

そう、**彼らは知的で、野心家で、優れた直感力を持っている。彼らは仕事熱心だ。だが、彼らは雄弁でもある。それが何よりも、彼らの力の源泉になっている。**

「話術が巧みであることは、出世のための第1の理由とみなされている。クライアントと会うたびに、あるいはプレゼンテーションを行うたびに、善かれ悪しかれ、あなたの対外的イメージは変わっていく」

ヴァージニア・アヴェリーが「The Power of Your Speech（スピーチの力）」と題したコラムにそう書いている。

アヴェリーによれば、ウッドロー・ウィルソン大統領は効果的なコミュニケーションの重要性を理解していた。それまで政治学の教授をしていたウィルソンは、堅苦しい話し方しかできなかった。政治の世界に入る決心をしたとき、彼は説得力を持つ雄弁家になろうと努力を始めた。第28代合衆国大統領として就任演説を行ったときには、こう言われるまでになっていた。

「リンカーン以来、これほど表現力に恵まれた大統領はいない」

リンカーンの演説者としての優れた能力は、ペギー・ヌーナンの『On Speaking Well（うまく話すということ）』で語られるエピソードに非常によく表れている。
「雄弁家として有名だったエドワード・エヴェレットが、ゲティスバーグでリンカーンに先立って演説したとき、彼は２時間以上も話し続け、詩や懇願のことばをふんだんに盛り込みながら響き渡る声で熱弁をふるった。続いて登場したリンカーンは、中身が凝縮された名演説を披露した。ほんの２分か３分で戦争の意味とその日の意味を伝えたのである。……［エヴェレットは］礼儀正しくリンカーンにこう書き送った。『この機会が持つ大きな意味を、あなたが２分でそうしたように、私が２時間で少しでも伝えられたならよいのですが』」

アメリカの偉大な歴代大統領は、説得力ある話術も手伝って「自分が重要と考える政策を議会で通過させ、将来に自らの足跡を残す」ことができた。『ワシントン・ポスト』紙のマイケル・カジンがそう書いている。セオドア・ルーズベルト、フランクリン・D・ルーズベルトからジョン・F・ケネディ、ロナルド・レーガンまで、「国民の高い支持を得たままホワイトハウスを去った」近代の大統領はいずれも優れた演説者だったという。

巧みな話術がその分野で第一線の地位に導くのであれば、出来の悪い話し方をしているとトラブルに見舞われるかもしれない。

コミュニケーション能力が不足していると、次のような問題が起こりがちだ。

・仕事から外されるか、本来得られるはずの昇給が見送られる。
・自分のことを理解してくれない人に拒絶される。
・上司から存在しない人間のように扱われる。
・配偶者や子どもたちから見下したような態度をとられる。
・不必要な口論をしてしまう。

名スピーチは
あなたに
成功を
約束する

　説得力あるコミュニケーション能力が重要なライフスキルであることは間違いない。そこで私からあなたへの質問だが、「あなたはそれにどう対処しているだろう？」
　もっと効果的な話し方ができるようになるために、今あなたは何をしているだろう？　どんな本を読んでいるだろう？　どんなプログラムに参加しているだろう？　どんなレッスンを受けているだろう？
　どんな分野でも、うまく話せることが成功への唯一の近道になるとしたら、なぜそのスキルを身につけようと努力していないのか？　あなたの答えは間違いなく、「時間がないから」だろう。

　これは『7つの習慣』の中でスティーブン・コヴィーが風穴を開けたのと同じ議論だ。コヴィーが言うには、**毎日与えられる仕事をすべてこなそうと急ぐあまり、誰もが緊急の課題を優先し、そうでない課題を後回しにする傾**

向がある。

　長期的に見て人生の質に最も大きな違いをもたらすのは、話術を向上させるといった重要だが緊急ではない課題なのである。だから、それを最優先事項にしなければならない。

　ティモシー・クーゲルは『The Exceptional Presenter（並外れたプレゼンター）』の中で、より力強い話し手になるには練習がすべての鍵だと言っている。

「私がこれまで研究対象にしてきた並外れた自己アピール能力を持つ人たち——チャーチルやレーガン——は、全員がそのための努力をしていた。会議室のテーブルに着いているのであれ、グループの前で話すのであれ、たいていの人は人前で話しているときに自分が人からどう見え、どう聞こえているかをわかっていない。……自分をプレゼンターとして考えていないので、こうしたスキルの持つ力に気づいていない。だが［うまく話すことは］キャリアを築くための一番の早道なのだ」

　うまく話せることの価値はいくら評価しても評価しすぎることはない。車のリースについて交渉するのでも、ビジネス会議で企画を提案するのでも、紹介されたばかりの有力者と話をするのでも、何をどう話すかが重要になる。

　私は自分のことを何よりライターだと思っているが、これまでの大きな達成の多くは、スピーチのスキルのおかげで手に入れたものだ。

・正しい発言をすることで、自分が考案した最初の情報関連商品の25％の権利を手にすることができた。そのビジネスによって2年もしないうちに百万長者になることができた。
・巧みな話術のおかげで、最初の成功から数年の間にいくつか新たなパートナーシップ契約を勝ち取ることができた。その結果、私のそのビジネスでの持ち分には、年商1億3500万ドルを超えるグループの3分の1の株式が含まれることになった。

・39歳でいったん引退して２年もしないうちに、話術が功を奏してあるクライアントとの高額の報酬を得られるビジネスが舞い込み、それ以来毎年７ケタの年収を維持している。

　説得力ある話術は、それ以降も楽しくて利益にもなる数々のパートナーシップと提携関係を築く助けになっている。だから、話術を向上させることについては、私は全面的に支持している。だからこそ、あなたにもそれを勧めているのだ。
　かつてダニエル・ウェブスターはこう言った。
「何らかの不可思議な神の導きで、自分のすべての能力が奪われることになり、１つだけ残すことを許されたとしたら、私はためらうことなく話す力を残してほしいと頼むだろう。それがあればすぐにほかのすべての能力を取り戻すことができるからだ」

「ことばそれ自体は無害で力を持たない」とナサニエル・ホーソーンは言っている。ことばを使って人々を自分のリードに従わせる方法を知っている人の口から出れば、それは大きな力を持つことになる。
　そして、その力を得るのはそれほど大変ではない。**あなたが自分の話術を10％だけでも向上させることができれば、個人としての力を２倍にできる。**
　説得力ある話し手になったら得られる日常生活のメリットについて考えてみてほしい。夫や妻、子どもたち、同僚、上司、部下たちとの会話を思い浮かべよう。
　誰に対しても、「どんなことでも説得できるとしたら」と想像してみよう。
　それでどれだけのことが成し遂げられるかを想像してみよう。
　力強い話し手になることは、そんなに難しくはない。どんなスキルもそうだが、練習する時間をつくる意志さえあれば、身につけることができる。このセクションでは、より効果的に話せるようになるための３つのステップを簡単に紹介する。どれも今すぐに取り入れられるものだ。そして、始めてみればすぐにその違いの大きさに気づくことだろう。

力強い話し手になるための
3つのステップ

　説得力ある話し方には戦略的な思考が求められる。歯切れの悪い話し方をする人は、ことばの使い方を知らないからというよりは、いいかげんな思考習慣がその原因になっている。**いいかげんな思考は不完全なイメージと矛盾する思考を招く。それが文法や構文や語法の間違いにつながるのだ。**

ステップ1
自分が望むことを明らかにする。

　あなたがあるビジネス会議に招かれたとしよう。あるいは、家族の誰かと重要な話をするために準備をしているところでもいい。そのときには、**話そうとする内容について前もって考える時間を持つ**ようにする。会議で自分の得になることを引き出すにはどうしたらいいだろう。明確で具体的な、結果がハッキリと測れる目標を設定する。それから、どうしたらその目標を達成できるかを考える。

　これはもしかしたら不必要なステップに思えるかもしれない。あなたはこう考える。
「自分が何を望むかなんて考える必要はないさ。そんなことはいつだってわかっている。わざわざ考えるまでもない」
　ところが実際には、**たいていの人が自分の望むことをわかっていない**。金持ちになるとか成功したいとか、漠然としたイメージを持っているだけだ。そのイメージを分析したりはしない。それを細かい要素に分解したりはしない。どうやってそれを戦略的に達成するかを理解していない。

↓

ステップ2
相手に何を与えられるかを明らかにする。

　自己啓発の専門家たちがよく言うこととは反対に、人生で望むことはただ

それを求めるだけでは手に入らない（例外はある。ブラッド・ピットかアンジェリーナ・ジョリーのような容姿に恵まれていれば、もちろん話は違ってくる）。

誰もが最終的には自分の利益になるかどうかで気持ちを動かされる。従って特定の目標を達成することは、他人の望みをいかにして満足させるかという問題になる。

たとえば、招かれたビジネス会議でのあなたの目標が新しいプロジェクトの責任者に指名されることなら、**自分が選ばれることで、その会議に出席するそれぞれの人にどんな恩恵を与えられるか、頭の中でリストをつくって準備しよう。**一人ひとりが何を望んでいるかについて考え、そのプロジェクトを自分が率いることで、どうしたらそれを提供できるかを明らかにするのだ。

何よりも重要なのは、あなたがそのプロジェクトの指揮をとることになった場合、会社の成長と利益にどんなふうに貢献できるかを考えることだ。少し時間をとって、その点を強調するために使えるようなフレーズを考え出そう。

会社を第一に置くことで、ほとんどすべての人の尊敬とサポートを集めることができる。それによってあなたは天性のリーダーとしての地位を築くことになる。そうなれば、そのプロジェクトが一人ひとりにとってどのようなメリットがあるかを説明するときには、みんなが率先してあなたの支持に回るのを目にするだろう。

↓

ステップ３

反対意見を想定しておく

相手に利益を提供することで、いかに目標を達成できるかを理解したら、次には**直面するかもしれない反対意見のリストをつくる。**

優れたコピーライターは宣伝用のコピーを書くたびに、毎回このリストをつくっている。人前で話すのが得意な人も、スピーチの前に毎回つくる。あなたも非公式のプレゼンテーションをする前にはそうすることを習慣にして

ほしい。

　もちろん、反対意見のリストをつくるだけでは十分ではない。それに対する**効果的な反論を見つけておかなければならない。反対意見を乗り越えるような簡潔な主張を考えておこう。**聞いている人たちに対して、彼らの不安には共感できること、それに対処するプランがあることを示さなければならない。

　反対意見を個々の要素に分類する。その個別の要素ごとに分析する。その意見の弱点を見つけるか、あるいはそれを小さくする方法を探す。時間があれば、自分の考えの裏づけに使えるような情報をリサーチする。だが、過去の経験に照らし合わせることも重要だ。

　忘れてはならないのは、自分だけでなく話しかけている人にとって満足できる目標を見つけるのが最終的な目的であることだ。これを覚えておけば、必要な解決策を見つけられるだろう。

　大部分の人は、ほとんどいつも衝動的に話をしている。何かの出来事や発言に刺激されて、真っ先に頭に浮かんだことばを発するのだ。相手に対してそのことばがどんな印象を与えるかを考えたりはしない。そして、ことばが自分にどんな影響をもたらすのかも考えない。だが、ことばにはその力がある。

「私たちにはことばしかない」と、サミュエル・ベケットは言った。人生の多くの側面で、これはたいてい真実だ。

　あなたは同僚に自分のアイデアを聞くように強制することはできない。上司に昇給や昇進を強制することはできない。妻や夫に自分の言うことすべてに同意させることはできない。だが、戦略的に考える方法を学べば、必要なときに説得力のある話し方をすることができる。それが人生でも仕事でも大きな違いを生むのである。

休暇と
仕事を
両立させる
正しい方法

　午前6時半、あなたは十分な睡眠をとってすっきりと目覚め、ケンジントンガーデンのホテルの窓から外の景色を眺める。町はすでに日差しが明るい。そうだった、イギリスの夏は日が長いのだ。
「申し分ない」と、あなたは考える。よい一日になりそうだ。スウェットを着て、エレベーターでマイルストーンホテルの小さなロビーへと降りていく。フロント係とコンシェルジュが「おはようございます」と明るく挨拶してくれる。外の木陰では朝の空気が冷たくさわやかだ。だが、通りを渡った公園に入ると、朝日が暖かい。池の周囲を歩きながら、ロンドンにいられることをありがたく感じる。

　午前7時、ホテルのレストランで朝食。20分後、タクシーで仕事に向かう途中でウェストミンスター寺院を通り過ぎる。「ここはもう一度見に来なければ」と、記憶にとどめておく。7時半には会社が用意してくれた仮のオ

フィスに到着する。シー・コンテイナーズ・ハウス7階の部屋からはテムズ川が見える。

　それから4時間は仕事に集中する。会議に出席し、面接をこなし、書類を読んだり書いたりする。基本的には普段のワーキングデーと変わりはないが、集中して仕事をこなし、昼前には終えてしまう。11時半、エクササイズのクラスに向かい、90分後にホテル近くの人気のアジアン・レストラン「ワガママズ」で昼食をとる。

　午後は楽しみに費やす。観光、ショッピング、ギャラリー散策。午後6時にホテルに戻り、サウナへ行くかひと眠りするかして、着替えを終えるとコンシェルジュが勧めてくれた地元のレストランで夕食をとる。1皿目（イエロービーンサラダ）にはプロセッコを、2皿目（牧草で育てた牛のステーキ）にはボルドーを合わせる。デザート（ベリーとアイスクリーム）にはミュスカだ。ホテルまで歩いて帰る途中で白い石造りのタウンハウスの前を通り過ぎる。きっと500万ドルから1000万ドルはするだろう。そんなことを考えながらトスカネッラのシガーを堪能する。
　午後10時には面白い本を1冊手にとり、翌日がまた素晴らしい一日になることを期待して、ゆったりとベッドに入る。

　4時間労働の世界へようこそ。
　ここまで描いてきたのは、おおよそのところ、2008年夏の6週間に私が過ごした生活と変わりない。
　その前の夏、私は初めて「ワーキング休暇」をとった。6月の1カ月をシカゴで過ごし、午前中は『大富豪の起業術』を執筆し、午後は妻と一緒に町を散策した。この生活は非常にうまくいった——こなした仕事の量に関しても、妻と一緒に楽しんだ時間に関しても。それで、2008年にはこのワーキング休暇を6週間に延ばしてみたのだ。
　スケジュール的には申し分なかった。だが、正直に言おう。これがもう何年か前なら、つまり私自身がもっとビジネスに直接かかわらなければならな

い時期であれば、とても考えられない休暇の過ごし方だ。今だって1年中できる生活ではない。それでも6週間（あるいは8週間？）なら、可能な選択だ。

あなたにもできる——。半日だけ仕事をするワーキング休暇を楽しんではどうだろう。つまり、まったく仕事をしない2～3週間の休暇をとる代わりに、**半日だけ働く4～6週間の休暇をとる**のだ。

2007年に、ティモシー・フェリスが『「週4時間」だけ働く。』（青志社）というタイトルの本を出し、それから何カ月もベストセラーリストに載っていた。

この本の成功は、フェリスがソーシャル・メディアをうまく宣伝に利用したおかげだ（メアリ・エレン・トリビーと私は、2008年刊行の共著『小さな会社のメディア・ミックス・マーケティング12の方法』の4章で、彼の宣伝戦略を分析している）。

本が売れたのは、そのタイトルのおかげでもある。週にたった4時間働くだけで儲かる仕事というアイデアには非常に興味をそそられる。それを望まない人などいるだろうか？

フェリスはこの本の中で、フリーランスの経営幹部とインターネットを利用したサービスを使うことで、自分の1週間の仕事時間を4時間に短縮することに成功したと書いている。私は彼の話を半分しか信用しない。彼がアジアを旅していた1週間には一日数時間働くだけでもビジネスはうまく回っていたかもしれない。だが、休暇から戻ってきたときには、その反動で仕事時間はずっと長くなったはずだ。おそらく成功した起業家に一般的な週60～80時間ほどにはなっていただろう。

フェリスは自分が会社を離れて仕事時間を減らしたことで、いくつかの問題が生じ——カスタマーサービスの問題を含む——、戻ったときにはそうした問題に対処しなければならなくなったと認めている。これは、あなたが永遠に続けたいと思うようなビジネス習慣ではない。**優れたサービスとは、常**

に優れたサービスのことをいう。数百万ドルのビジネスを築こうと思うなら、それを提供しなければならない。

望むかどうかにかかわらず、それが可能な者はみな、1年に丸々1カ月の休暇をとることを自分に強いるべきである。

―― ウィリアム・ジェームズ

一日4時間労働で充実した生活を手に入れる

　ティモシー・フェリスの週4時間労働は誇張だが、役に立つ誇張ではある。なぜなら、歓迎すべき事実を強調しているからだ。つまり、**よいビジネスを築くために週に60〜80時間、年に50週働く必要はない**ということだ。もっと長く休暇をとることができる。そして、その休暇の間には、普段より仕事の時間を短くすることができる。
　私は週たった4時間でやっていけるとは思わない。私なら一日4時間で満足だ。

　私がフェリスの本を勧めるのは、読者に向けたアドバイスに、成功した人たちからでなければ聞くことができない賢いことばが数多く含まれているからだ。この本の発表以来、フェリスが彼の夢の生活を維持できているかどうかは疑わしい。ビジネスが小規模で動きのない時期なら、離れたところから指示を与えるのも確かに可能だろうが（経営を助けてくれる優秀な人材がそろっているのなら）、ビジネスが成長を始めると（フェリスのビジネスがそうだったに違いない勢いでの成長なら）、平然とそれを無視するなどできない。

PART 6　成功者のスキル

間違ってはいけない。**週4時間しか働かないのは、見て見ぬふりをすることでしかない。**

ビジネスが成長する過程では、経営者にとって新しい困難な問題が生じる。それは実働部隊に任せられるような種類の問題ではない。設立者はなんらかのレベルでそうした問題に関与しなければならない。もしビジネスが急速に成長しているのなら、その要求をこなすだけでも週4時間以上の時間を必要とするだろう。

ビジネスを成長させたいのなら、そして、ビジネスの発展から恩恵を得たいのであれば、週4時間の仕事時間という夢を求めてはいけない。週60～80時間は働くと考えたほうがずっと現実的だ。それは、私が知る成功した企業経営者や経営幹部の多くが働いている時間でもある。

ただし、**経営を助けてくれる超優秀な人材を何人か雇うことができれば、週80時間から60時間へ、さらには40時間にまで短縮できるようになる。**そして私が2008年にそうしたように、一日4時間仕事をしながらのワーキング休暇をゼロから2週間、4週間、そして8週間に延ばしていくこともできるだろう。

私は一日4時間労働のワーキング休暇が気に入っているし、それを人に勧めてもいる。何もしないで過ごす短い休暇よりずっといいと思っている。長い半日労働の休暇には次の利点がある。

- 休暇中に、自分の会社に何か最悪の事態が起こるのではないかと心配する必要がない。
- 一日4時間は、最も重要で最も実りあるビジネスに集中できる。
- 優秀な部下たちにスキルを向上させ自信を持つ機会を与える（その結果、あなたは次の年にはもっと長いワーキング休暇をとることができる）。
- 友人や配偶者と休暇を過ごすのなら、あなたが仕事をしている間、相手にも好きなことをする時間ができる。
- 休暇をとっていることに罪悪感を覚えなくてすむ。

もちろん、私のように国際的ビジネスを営み、パリやロンドンやブエノスアイレスのような魅力的な休暇地にオフィスを構えられれば申し分ない。たとえアメリカだけに限定されたビジネスであっても、ヨーロッパ、カリブ海諸国など、どこか別の国でワーキング休暇を過ごすことはできる。その土地で高速インターネットが利用できることが条件だが、今やほとんどどこでも可能になった。
　あなたがするべきなのは次のことだけだ。

・**スケジュールを組む。**
　２週間の完全休暇を計画しているのなら、それを半日だけ働く４週間のワーキング休暇にスケジュールし直す。

・**優先順位を明らかにする。**
　ビジネスの最も重要な部分を把握しておくために、現在自分の時間をどう使っているかを分析し、利益の面で最大の長期的効果が得られる領域を明らかにする。一般的に言えば、**あなたのしている仕事の20％が長期的利益の80％を生み出している**。それがどんな仕事なのかを特定し、休暇中はその仕事に集中する。

・**時間を浪費している部分を明らかにする。**
　最も生産的な領域を明らかにすると同時に、**最も時間を浪費している領域も明らかにする**。もしあなたが私と同じなら、そのほとんどは電子メールに関連したものだ。休暇に出かけるかなり前には一緒に働いている人たちに休暇をとる予定であると伝え、本当に必要なときにだけメールするように頼んでおく（機会を与えさえすれば、彼らがどれだけ多くの疑問や懸案事項を自分の力で処理できるかを知って驚くだろう。休暇に関係なく、いつもそうすべきなのだ）。

・スケジュールに厳密に従う。

　何か持ち上がると、つい一日４時間以上働いてしまいたくなる。その衝動に抵抗しなければならない。仕事時間が一日６時間か８時間になれば、休暇を一緒に過ごしている相手に気の毒だし、あまり楽しくもない。私がスケジュールに従うために見つけた最善の方法は、誰よりも早く会社に着いて１人だけの時間をつくり（ロンドンではそうしていた）、嫌でも時間どおりに会社を離れなくてはならない予定を入れてしまうことだった（私は正午に柔術のワークアウトの予定を入れていた）。

　あなたが今日からでも始められることを教えよう。今晩、ワインのグラスを片手にちょっとした楽しいことをするのだ。
　地図を取り出すか、インターネットにアクセスするかして、頭の中で世界のあちこちを旅して回り……夢を描き始める。そして、どこで最初のワーキング休暇を過ごすかを決める。

儲けるための
とっておき読書術

　アメリカ人の成人は平均して１分に150ワードを読む。そのペースで考えれば、500ページの本を読むには24時間かかる。一日に２時間集中して読書する時間を作れば、２週間に１冊読むことができる。
　１年に26冊。世の中に出る優れたビジネス本――要するに、より賢く働く手助けをしてくれる本――のほんの一部にすぎない。それ以外にも雑誌、新聞、ビジネスレポート、電子メールなどをあれこれ読むことを考えれば、従来どおりの方法では必要な情報を十分に集められないのは明らかだ。
　成功するための読書には、２つのことが必要になる。
１．優れた素材を選ぶ
２．優れた素材を速く読む

優れた読書素材の選び方

　何を読むかを決めるのが最も重要なパートだ。あなたの脳は基本的には洗練されたコンピュータと同じだ。**優れたデータをインプットすれば、優れたものをアウトプットできる。がらくたを詰め込めば、思考までがらくたになる。**

　成功のために何かを読むときには、目的を持って読むことが大切だ。**インスピレーションを得られるようなアイデア、情報を与えてくれる戦略、よりよい仕事をするのを助けてくれる事実や数字を探す**のである。ただし、自分に関連する分野で出版される本の95％は読む時間がないのだから、**実際に読む５％は確実にベストのものでなければならない。**

　残念ながら、世の中に出ている出版物のほとんどは役に立たないか、陳腐な内容か、その両方かのどれかだ。そしてラルフ・ウォルドー・エマーソンが言っているように、「賢い人間なら無視したくなるようなものが山ほどある」。

　これまでの章で、読書を含めて人生におけるほぼすべての経験は、自分を豊かにするか、中立的か、害になるかのいずれかのカテゴリーに分類されると指摘してきた。私はこの分類に、「金」「蒸気」「酸」というラベルを与えた。

　あなたが読もうと選んだもののいくつかは「酸」で、あなたにとって明らかに害になるものだ。大部分は「蒸気」で、害を与えはしないが役にも立たない。そして、ほんの一部だけが「金」で、あなたをよい方向に変えてくれる。

　自分自身に、これからは「金」だけを読むと誓おう。そうするためには読

書リストをつくり、何を読むかを慎重に決める。

あなたの読書リストには書籍（ビジネス本や小説）、雑誌、新聞（印刷版または電子版）が含まれるだろう。今度はそのリストを2つに分ける。今年絶対に読む必要のあるもののリストと、読みたいとは思うがそのための時間がないもののリストだ。

「絶対読むリスト」は、実際に読めるものに限定しなければならない。「読みたいリスト」はどれだけの数になってもかまわず、1年の終わりに翌年の絶対読むリストをつくるときに参考にすることもできる。

私は「読みたいリスト」をコンピュータに入れている。『ハリー・ポッター』や『戦争と平和』のような本、『ネーション』や『エスクァイア』などの雑誌、『ロンドン・タイムズ』や『ル・モンド』などの新聞が含まれる。「絶対読むリスト」のほうはもっと長い。新聞3紙、雑誌4誌、オンラインマガジン24、ビジネス書籍52冊、小説12作品だ。

「絶対読むリスト」に入れている雑誌やオンラインマガジンは、毎号必ず読むわけではない。すべての新聞を毎日読んでいるわけでもない。週ごとにローテーションで読む方法を考え出して、常に優れたアイデアを得られるようにしている。またビジネス書を読むときには、後で紹介するスピードリーディングを使っている。

重要なのは読書リストによって一年に一度、何を読むかを意識的に考えて決められることだ。衝動で決めるのではない。誰かに勧められて読むのでもない。

何が自分に役立つかについて自分自身で判断する。探しているのは「金」で、それ以外のものに費やす時間はない。

優れた素材をスピーディに読む方法

　私はまだ10代のころに、速く読む方法を教えてもらった。スピードは３倍になったが、それ以来練習を怠ったためにせっかくのスキルのほとんどを失ってしまった。

　大人になってからスピードリーディングで多くの本や記事を読むようになり、自己流のシステムを開発した。この方法を使うと、マーケティングに関する359ページの本を55分で、週刊誌４冊を31分で、『ニューヨーク・タイムズ』の日曜版を16分で読むことができた（この速さには、高校のときのスピードリーディングの先生もかなわない）。それよりも重要なのは、その本から学んだ大きな利益につながるアイデアや、雑誌から得た時間管理のテクニックや、『タイムズ』の記事で知った興味深い事実を今でも覚えていて利用しているということだ。

　結局のところ、**重要なのは速く読むことではない。読んだ内容を記憶にとどめ……それを利用する**……それが人生を変えるのである。ジェームズ・ブライスがかつて言ったように、「１冊の本の価値は、それを読むことで何を得るかによって決まる」。

　私のビジネス書と雑誌の読み方を紹介しよう。

・まず、**目次に目を通す**。これで本や雑誌に何が書いてあるかについておおよその見当がつく。
・次に、**自分が読みたい項目をいくつか選びだす**。欲張ってはいけない。すべてを読む時間はないし、そうしようと試みるのは愚かなことだ。自分のキャリアに最も長期的な好影響を与えると思う内容を選ぶ。
・**選んだ項目をもう一度見直して、共通する要素があるかどうか考える**。
　探すのは役立つビッグアイデア（ＵＢＩ）だ。それは、あなたをより賢く、より幸せに、あるいはより成功させてくれる新しい原則あるいは視点

である。

あなたの仕事はＵＢＩを見つけ、それを理解し、自分の生活にどう取り入れられるかを考えることだ。その目的だけを頭に入れておけば、素材をスピーディに読みこなし、目的に無関係なものすべてを無視することができる。

・探しているもの（ＵＢＩ）を見つけたら、**本や記事の中のそれを理解するのに役立つ箇所に注目する**。スピードリーディングを続け、求めているものが見つかったら、そこで読み終える。
・**会話や電子メールでのコミュニケーションの中に、学んだＵＢＩを取り入れるようにする**。読み終わって24時間以内に実行し、自分のものにして実際に刺激を得られるようにする。次の24時間以内にもう一度行う。それをあと1回繰り返す。

大人の読書とは UBIを見つけること

　調査結果によれば、人は覚えたことの80％を24時間以内に忘れてしまい、残りの20％のほとんども1週間以内に忘れてしまう。**ＵＢＩに注意を集中し、72時間以内に三度実際に使ってみることで、しっかりと記憶にとどめられ、やがては意思決定プロセスにおいて自然に使えるようになる。**

　もちろん、ビジネス書によってはＵＢＩが1つとは限らない。そのよい例がメアリ・エレン・トリビーと私との共著『小さな会社のメディア・ミックス・マーケティング12の方法』だ。この本はアイデアの宝庫で、12章それぞれに重要なマーケティング経路をマスターする方法が書かれている。

　こうした本をスピードリーディングするには、目次に目を通して自分のキャリアにすぐにでも大きな影響を与えてくれそうな章を2つか3つ選ぶ（ここではすぐにがキーワードだ。すぐに実行できないようなスキルを学ぶ

のに貴重な時間を使うべきではない)。その２つか３つのうち１つを選び、ＵＢＩを探す。

　たとえば、テレマーケティング、電子メールマーケティング、印刷広告の順で学びたいと思ったとしよう。まず、テレマーケティングの章から読み始めてＵＢＩを探し、最もうまくそれを説明していると思うパラグラフに注目する。それから３日間で、実際の会話の中に学んだことを取り入れてみる。３日目には学んだことが自分のものになっているだろう。そうしたら電子メールマーケティングの章に進み、次のＵＢＩを探す。

　この方法は間違いなく効果がある。私は１年少し前から使っているが、以前よりも読んだ学んだ内容をうまく取り入れられるようになった。フレーズがすぐに思い浮かぶ。専門用語も、タイトルや著者も。

　これによって、私の思考はより「リンクを張り巡らせた」ものになる。ビジネスや金融についての主流のアイデアがどのようにアートや文学についてのアイデアと結びついているかがわかるようになった。以前より自信を持って話ができるようにもなった。そして、私の意見は人から信頼されるようになったと思う。

　私は以下のことが情報を集める賢い方法だと確信している。

１．少なく読んで、多くを学ぶ。

　書かれてある内容すべてを吸収しなければならないと思ってはいけない。役に立つビッグアイデアを探すこと。一度に１つのＵＢＩに集中する。それを理解し、繰り返し、うまく使えるようにする。

２．スキャンすることを学ぶ。

　本を読むときには、序文か第１章（あるいは両方）に最大の注意を向ける。そこに役立つビッグアイデアの多くが含まれている可能性が高いからだ。次に残りの章の最初のパラグラフを読み、それ以降のパラグラフは第１文だけを読んでいく。このテクニックを使えばビッグアイデアを素早く見つ

けやすくなる。
3．楽しむ。
　学ぶ目的は必ずしも楽しむことではないが、自分のしていることが好きで夢中になれれば、楽しい時間になる。

　少なく読む。賢く読む。素早く読む。楽しみながら学ぶ。

成功への障害とそれを克服する方法

PART 7

最悪の
シナリオが
あなたを
襲うとき

　担当医師があなたの心電図を見て言う。
「なんだこれは！　こんなの見たことがない！」
　朝、車に乗ろうとしたら、タイヤが4つとも消えている。
　地下鉄に鞄を置き忘れた——身分証明書も銀行のカードも全部入っているのに。
　人生ではこうした小さな災難が次々と襲いかかることがある。それにどう対処するかで、その人の性格がよくわかり、成功する人生を送るための能力にも大きくかかわってくる。

　私が初めて財布をなくしたとき、最初に頭に浮かんだのは「この世の終わり」だった——犯人は腕の立つ窃盗団で、すでに私の銀行口座は空っぽになっているに違いない。私がパニックに陥りやすいタイプであることがよくわかると思う。

妻のKもそれを保証してくれるだろう。彼女はこれまで何度も「きっとすべてうまくいくわよ」と言って、パニックになりそうな私を落ち着かせなければならなかった。

楽天的な性格をしていると、大なり小なりの試練に直面したときに大きな助けになる。だが、**悲観的な性格の人でも、いくつかのシンプルな指針に従えば、恐怖を克服して危機に力強く対処できる**ことがわかった。

私の甥は私によく似ている。最近、通っている大学で苦境に陥った。

軽率な行動をとっていくつかルールを破ったのだ。今、彼は処分を受けようとしている。一流の大学で将来を約束された学生生活を始めたはずだったのが、一転して最悪の危機に変わっていた。

甥は不安にさいなまれ、「まともに考えることもできない」と私に言った。頭の中をかけめぐるのはアルマゲドンの想像ばかり。眠っても何度も目が覚め、勉強に集中できない。

私には彼の気持ちがよくわかる。同じ状況に置かれたら私だって同じように感じるだろう。ただ私はもう十分な経験を積んできたので、どうしたら不安に負けずにいられるかがわかっている。深刻な事態に直面したときには前に進むのが難しくなる。それでも、その方法を見つけなければ生産性はすぐさまゼロに落ち込み、人生は永久に休止状態になる。

そんな状況は誰だって望まない。だから、次に災難に襲われたときには、私が甥に勧めた次の手順に従ってみてほしい。

1．不安と友だちになる

あなたを怖がらせているのはなんだろう？　それはおそらく頭の中で繰り返し想像する「最悪のシナリオ」ではないだろうか。

「最悪のシナリオなんてだいたいは現実にならないものだ」と言う人もいる。実際に起こる可能性が低いからこそ「最悪」と呼ばれているのだ。「心配しないで。たぶんそんなことにはならないから、悪い考えは頭から追い払うことだよ」と、彼らはあなたを勇気づけてくれる。

残念ながら、その種のアドバイスは、すでに頭の中に「最悪のシナリオ」を思い浮かべてしまった人には役に立たない。すでにリアルな恐怖映画になっていて、彼はその主役なのだ。「考えない」という選択肢は存在しない。

　その場合、私にとってうまくいく解決策は、映画を最後まで流してしまうことだ。最悪の事態を生々しく細かい部分まで想像していく。そして、なんとかしてその**深刻な現実とうまく折り合いをつけられている自分の姿を探す**のである。

　たとえば、個人情報を盗まれ、全財産を失ってしまったところを想像しているのなら、仕事に戻ってまた一からやり直すことを楽しんでいる自分を想像する。想像上の映画の中で、次の日にはポケットに残った小銭で新しいビジネスをスタートさせ、徐々に富とキャリアを再構築していく自分の姿を描いていく。

　ひどい内容の映画をそのまま流し続け、それにハッピーエンドを与えることで、恐怖を追い払い、ポジティブな精神状態に戻ることができる。まずは最悪の事態を「受け入れる」方法を見つけて初めて、心の平安を得てポジティブな行動をとることができる。

　おそらくものごとはあなたが想像したようなひどいことにはならないだろう。それでも、たとえ本当に最悪のシナリオどおりになったとしても、気持ちの準備は整っている。

　パニックに陥ることはない。泣き叫ぶこともない。**プランどおりに前へ進むだけだ。**

２．希望を探す

　どんな災難にも明るい側面はある。末期のガンでさえそうだ。自分の人生のエンディングプランを練るだけの時間は残されているし、大事な人にさよならを告げることもできる。列車にひかれて終わるような人生にはそのチャンスはない。

悪い状況の中でも何かよいことを見つけ出し、それについて考える時間を持つ。真剣な気持ちでそれを繰り返すうちに、気持ちが少し落ち着いてくる。

　最後には――この手順に熟達すれば――問題を抱えていることをありがたくさえ感じるかもしれない。

3．プランをつくる

　問題に対処するにはプランが必要だ。**状況がどう転じるかはわからないので、複数のプランを練っておく**のがいいだろう。

　災難に対処する優れたプランは、少なくとも3種類の展開に対処できるものであることが望ましい。**最悪のケース、よくないケース、好ましいケース**である。それぞれを明確に、詳細に思い描いてみる。そして、その詳細部分についての解決策、あるいは少なくとも効果的な対応を見つけ出す。

4．行動を起こす

　不安と友だちになり、明るい側面を見つけ、行動プランを考えることで、精神的には100％楽になれる。そのすべてを数時間で、長くても数日で行う。だが、よくなった精神状態は、プランどおりに行動を起こさない限り、長くは続かない。

　生活の中のどの場面でもそうだが、災難に直面しているときには行動を起こすことが肝心だ。正しい対応プランを前に進め始めた瞬間から事態は好転し、ひどい結末にいたる確率を大幅に下げることができる。**行動を始めたとたんに自信が芽生え、ポジティブな行動を続ける限り、どんどん気持ちは明るくなっていく**だろう。

なぜ読むだけの情報にお金を払うのか

　デイヴとは20年近く会っていなかった。彼は1980年代初めに私たち家族がボカラトンに引っ越したときに通っていた歯科医だ。その10年後にデルレイビーチに移ってからも妻と子どもたちは彼のところに通っていたが、私はもっと近所の歯科医に変えていた。
　デイヴが連絡してきたのは、「マイケル・マスターソン」のペンネームを使っているのが私だと気づいたからだった。そのしばらく前から「アーリー・トゥ・ライズ（ETR）」を購読して気に入っていたらしい。ある日、ウェブサイトにアクセスすると、私の写真が掲載されていた。
「この男なら知っている！」
　そう思った彼は、妻に私の電子メールアドレスを尋ねたという。「昼食でも一緒にどうだい？」と彼は書いてきた。
「教えてもらいたいことがたくさんあるんだ」

数週間後、私たちはアトランティック・アヴェニューの「シティ・オイスター」でチキンサラダを食べていた。デイヴは緊張しているように見えた。「マイケル・マスターソン」本人を目の前にして圧倒されているみたいだ。私は歯の治療をしてもらいながら苦痛に顔をゆがめていたのと同じ男なのだと、なんとか思い出してもらおうと努力した。少しばかり家族の話をしたものの、彼が別のことを考えているのは明らかだった。

　彼の頭の中にあったのは、これからしようとしている大きな決断だった。ずっと検討してきた最先端のインターネット・マーケティング・プログラムに10万ドル注ぎ込むべきか？

「しばらく前から調べているんだけれど、本当によさそうでね。でも、そんな大金を投資して大丈夫なのかどうか自信がなくて」

「10万ドルとは大金だね」と私は言った。私立探偵サム・スペードになって、ガットマンに「マルタの鷹」の値段について話しているみたいな気分だ。

「でも、そのお金で素晴らしいものが得られる」

　デイヴは説明した。

「私があまり得意じゃない専門的なことはすべてやってくれるから、こっちはアイデアを思いつくだけでいい」

「そう」

　私はサム・スペードを気取ってゆっくりした話し方をしてみた。

「それで、どんなアイデアを持っているの？」

　実際のところ、デイヴには何ひとつアイデアなどなかった。

「わかっているのは、今の自分は間違った職業に就いているということだけだ。オンラインの自己分析テストを受けてみて――最悪の職業に就いていることがわかったんだ」

　50歳という年齢で、デイヴはこれまでのキャリアすべてがムダだったという結論を出してしまっていた。

「私は8歳のときから歯科医になりたいと思っていた。そのときに歯科医が

自分には最悪の職業だとわかっていたら、別の仕事を選んでいたはずだ」
「たとえば？」
「たとえば、君がしているような仕事さ」
　デイヴは笑顔で言ったが、真剣そのものだった。
「いいかい？　私のビジネスは確かにうまくいっている。でも、たぶん人に何か売りつけるためにつくられた簡単なクイズの結果を見ただけで、自分の人生がムダだったなんて結論を出すべきじゃないよ」
「でも、確かに当たっていた。ずっと前からわかっていたけれど、認めるのが怖かったことを言い当てていたんだよ」
　ウェイトレスが飲み物のお代わりを注ぎにきた。しばらくは２人とも黙って食べていた。
「で、今考えているのは、このインターネット・マーケティング・プログラムが、専門知識のない私にはすごく役に立つということなんだ」
「インターネット・マーケティングについて調べるのに、どれくらい時間をかけた？」
「３年くらい」
「それで、その３年間にインターネット・マーケティングについての情報を得られる商品をどれくらい買った？」
　デイヴは笑い出した。
「多すぎて数えられないよ」
「どのくらいお金を使った？」
「数万ドル。たぶん、もっと」
「それで、まだ実際にはインターネット・マーケティングビジネスを始めていないということだね」

　彼はうなずいた。そして、これまで買ってきたインターネット・マーケティング・プログラムの名前を次々と挙げ始めた。知っているものもあれば、聞いたこともないものも数十はある。
「ずいぶん投資したものだね」

「まったくだ」

情報は知識ではない。

——アルバート・アインシュタイン

あなたは情報中毒者、それとも情報ユーザー？

　デイヴは新しいインターネット・マーケティング商品の広告を読むと、それが単なる「宣伝文句」だとはわかっていても、「すっかりだまされてしまう」と言った。
「口のうまい連中にうまく乗せられているというのはわかっているんだけれど、どうしても買ってしまうんだ」
「言いたいことはわかるよ。君は情報中毒なんだ」
「そう思うかい？」
「間違いない」
「君はどうなんだ？　君も情報が得られる本をたくさん読むって書いてあるのを見たよ。週に1冊ぐらい」
「そのとおりさ。でも私は情報中毒じゃない。情報を利用しているだけだ」
「その違いは？」

　私はこの2つの間には大きな違いがあることを説明した。**情報中毒者は、情報を買うプロセスから抜け出せなくなっている**。自分ではそうではないと信じ込もうとしているかもしれないが、買った情報を利用しようとは思っていない。
　情報ユーザーは購入に関して極めて現実的だ。情報ユーザーは具体的な目

的を持っている。特定のゴールに役立つ情報を買い、実際にそのゴールを達成するために情報を使う。たとえば、ビジネスを立ち上げるとか、もっと成長させるとか、新しい外国語を学ぶとか、交渉スキルを向上させるといったことだ。

情報中毒者は、情報を買うときに最大の喜びを感じる。その熱はすぐに冷めてしまう。受け取ってから数時間か数日もすれば、別のことに気持ちが移っている。新しい商品が古い商品の横にただ並べられるだけ。そして、次の新しい商品を見つけては興奮する。

情報ユーザーは進歩することができる。その人が栄養についての本を読んでいるところを目にしたら、おそらくは（その本が気に入れば）、すぐにでも食習慣に変化が起こるだろう。対照的に、情報中毒者のリビングには栄養についての本が26冊も並んでいるかもしれない。それを全部読んだかもしれないが——ソファに寝転んでポテトチップスを食べながらだろう。

情報ユーザーとは情報を消費して、その情報から利益を得る人のことだ。何かを学ぶのに100ドルの投資をしたなら、その投資に対して十分なリターンを期待する——おそらく物質的にでも精神的にでも、1000ドル相当の価値といったところだろう。情報中毒者は情報をドラッグかキャンディのように消費する。瞬間的な快感を得られはするが、あとには何も残らない。だからもっと欲しくなるのだ。

情報ユーザーは、知識に関しては長期的な効果を期待する。今身につける知識は、もっと多くを学ぶにつれて何倍にも膨らんでいき、学んだことをうまく利用すればさらに大きな恩恵を得られると信じている。情報中毒者は今現在のことしか考えていない。知識を蓄積していくことは頭にない。いつも次の最新のものに気持ちが向いている。

あなたはどうだろう？　あなたは情報中毒者だろうか？　次のテストでそれを判断してみよう。

１．過去１年に買った本で、まだ読んでいない本が12冊以上ある（答えが「はい」なら、２点）。
２．過去１年に次のものを購入した。
・実際に利用した情報商品だけ（はい＝１点）。
・買ったが使っていない100ドル相当の情報商品が１～３つある（はい＝２点）
・買ったが使っていない100ドル相当の情報商品が４～５ある（はい＝３点）
・買ったが使っていない100ドル相当の情報商品が６以上ある（はい＝５点）
３．過去１年に、買ったものの使っていない1000ドル相当の情報商品が少なくとも１つはある（はい＝５点）
４．買った情報商品について最も興奮するのは：
・注文しているとき（はい＝３点）
・受け取ったとき（はい＝２点）
・使い始めたとき（はい＝１点）
５．本を読むときには、最初から最後まですべて読まなければならないと感じる（はい＝２点）
６．何かを読むときにはメモをとることが多い（はい＝１点、いいえ＝２点）

さて、結果はどうだっただろう？

合計点数が８点以上なら、あなたは間違いなく情報中毒者だ。ＥＴＲで働く優秀な人たちならその結果を喜ぶだろうと思うかもしれない（彼らは情報を売る仕事をしているからだ）。そうではない。ＥＴＲのスタッフは、中毒者ではなく情報ユーザーの消費者基盤を築いてこそ、ビジネスが最も成長するとわかっている。情報ユーザーは購入する知識商品から恩恵を受けるからだ。つまり、彼らはより目が肥えていて（ＥＴＲの商品を好むのもそれが優れているとわかっているからだ）、長期的にはより多くの商品を買い、返金を求めることが少ない。

情報中毒者だという結果が出た人も、絶望する必要はない。次の２つの

ルールに従うだけで、情報ユーザーに変わることができる。

1．情報商品を買うときには、いつまでに読むかを決め、学んだことを実行に移す。たとえば商品を受け取って24時間以内に、その中で勧めている行動の1つを実践するという目標を立てる。それ以降は毎週、少なくとも1つ以上の勧められた行動を実践するようにする。
2．購入した商品で何らかの進歩が得られるまでは、次の商品に手を出さない。

これだけですべてが変わる。この2つのルールに従えば、中毒を克服できるだけでなく、自分の人生を劇的に向上させることができるだろう。

情報の大洪水に飲まれず逃げ切る方法

スタン・コナーズは問題を抱えている。「ETR」を定期購読している彼は、役立つ情報があまりにたくさん得られるので(彼は特に「負債を減らして」引退する方法を知ることに興味を持っている)、「何を読むべきかがわからない」のだ。
「誤解しないでほしいのですが、『ETR』は大好きで、読むのを楽しみにしています。でも、一度に得られる情報が多すぎるのです」
「どうしたらいいのでしょう？」と彼は尋ねる。彼だけではない。私たちみんなにとって、これは大きな問題なのだ。
私たちは情報の洪水の中で暮らしている。次のような統計もある。

・平均的な人で、一日32通の電子メールを受け取っている。
・一日に書かれる科学的な情報だけで、『ブリタニカ百科事典』の全巻分の分量になる。

・世界全体で1年に生産される印刷、映像、光学的、磁気性コンテンツにはおよそ5エクサバイト（5兆メガバイト）の記憶装置が必要で、1人あたり約800メガバイトにもなる。

従って、もしあなたが——スタン・コナーズのように——情報量に圧倒されていると感じているとしても、それはあなただけではない。**情報の過多は誰にとっても深刻な問題**なのである。

リチャード・ソール・ワーマンは、『情報選択の時代』の中でこう言っている。
「情報時代の最も心配な副作用は、すべてを知らなければならないという気持ちにさせられることだ」
　これは、賢く、野心的な人に特に当てはまる——よりよい人生を求め、正しい情報を得ることが成功の大きな部分を占めると気づいている人たちだ。
　この本を読んでいるあなたも、きっとその中の一人だろう。
　新しいプロジェクトを始めたり、新しいアイデアに興味を持ったりしたとき、あなたはそれについてもっと知りたくて仕方がなくなるだろうか？　そのテーマに関係のあるあらゆる本、論文、ニュースレター、雑誌を買って読んでいるだろうか？（私はそうしている）
　最初はすごくよい気分になる。絶好調だと感じる。そして突然、自分が情報中毒になっていると気づく。
　自分がしたいことについて書いてあるものはなんでも読み、それに時間を使いすぎてしまう。だから実際に行動に移すための時間は残っていない。誰かに助けを求めたい気分になる。

コピーライターのボブ・ブライはこれを**「分析麻痺」**と呼んでいる。
「取り入れる情報のすべてが神経に過重な負担をかける。すべてを処理し、選別することができなくなり、何を最初にすべきかわからなくなる。だから何もしない。何も行動は起こさない——また別のコースに申し込んだり、レ

ポートを読んだりする以外には」

　このどれか1つでも、身に覚えがあるだろうか？　ブライは分析麻痺を防ぐための処方箋を考案した。彼はそれを**「25－25－50ルール」**と名づけている。プロセス（たとえばインターネットビジネスの立ち上げ方）や、スキル（たとえばコピーライティング）を学ぶ方法は3つしかないという前提に基づいたものだ。つまり、「学習する」「観察する」「行動する」というものである。

　「25－25－50ルール」では、自分の時間を次のように分けなければならない。

・**学習する時間は25％まで**（本を読む、ワークショップに参加する、車の中でCD教材を聞くなど）。
・**観察する時間は25％まで**（成功している人たちがすでにしていることを観察する）。
・**学習し、観察したことを実際にやってみることに、少なくとも自分の時間の50％を使う。**

　たとえばインターネットで情報商品を売りたいのなら、25％の時間をその方法について書かれた素材の内容を学ぶことに使い、人がそれをしているところを観察するのに25％の時間を使い、50％は最初の商品をつくりだす……ウェブサイトをデザインし……リストを構築する……のに使う。

　私がブライのルールを気に入っているのは、行動を重視しているからだ。それに気づいたとき、私の毎日の仕事生活に応用できるのではないかと考えた。その結果、このルールが使えるかどうかは、どんな仕事をしているかによって大きく異なるという結論に達した。

　新しいスキルを学ぶのなら、ブライのルールを取り入れることができそうだ。だが、通常のワーキングデーの活動――新しい商品を開発し、ビジネスを成長させる――をするのなら、私の時間の使い方はまったく異なるものに

なる。
　私の仕事生活は、主に3つの要素から成り立っていることがわかった。

1．情報を集める。
2．その情報を分析して、プランづくりに利用する。
3．行動を起こす。

　私は情報収集をいつも特定の時間にする。新聞は早朝に、雑誌は休憩時間に、電子メールは一日の終わりに読む。何かを読むのは役に立つアイデアを発見するためだ。アイデアが見つかったときには、読んでいる最中も読んだ後にも、一日中ちょっとした時間を利用して分析する。
　仕事時間のほとんど——約80％——は行動に使い、残りの時間——20％——は情報を集め、分析し、プランつくりをすることに使う。
　私はこの80％という数字が好きだ。「パレートの法則」——ほとんど何にでも当てはめられる「80対20のルール」とも一致する。

電子メールは朝一番に読んではいけない

　ヘルス・セントラル・ネットワーク社ＣＥＯのクリス・シュローダーは、最近の情報出版社の会議で、彼のRSSフィードの受信箱には2000もの情報が彼の注意を引こうと待ち構えていると自慢した。その話をボブ・ブライの書いた記事で読んだとき、私は思わず頭を振った。
　ボブはこう書いていた。
「私からシュローダー氏にお知らせしたいことがある。受信箱に読まない情報が2000も届いているのなら、それは理想的な情報収集法ではあり得ない。RSSフィードを通した無料コンテンツの過剰購読は、情報過多による災いのもとにほかならない。『ニューヨーク・タイムズ』の日曜版を毎朝配達させ

るのと同じことだ」
　ボブは、まったくもって正しい。

　電子メールの情報過多は、起業家と小規模の会社経営者にとっては特に大きな問題になる。残念ながら、私たちの大多数は多かれ少なかれメール中毒になっている。デジタル・マーケティング会社eROIの調査で明らかになった次の事実を考えてみてほしい。

・アメリカ人の66％が、毎日電子メールを読んでいる。
・61％が、休暇中も電子メールをチェックしている。
・41％が、朝一番に電子メールをチェックしている。
・26％が、電子メールをチェックしないで過ごすのは２、３日が限界だと言っている。

　これは悪いことだろうか？　私はそう思う。
　１つには、ストレスの大きな原因になるからだ。マーク・ハーストは『Bit Literacy: Productivity in the Age of Information and Email Overload（ビット・リテラシー──情報・メール過多時代の生産性)』の中でこう書いている。
「最新のメールマガジンを購読するのは魅力的に聞こえるが、読まなければならない山ほどの情報を目の前にするとやる気が失せる……」
　ストレスは問題の１つにすぎない。次の状況を考えてみてほしい。

　ロンドンのキングス・カレッジの精神分析医が３つのグループに対してＩＱテストを実施した。グループ１は、ＩＱテストだけを受けた。グループ２は、電子メールと電話の呼び出し音に注意をそらされた。グループ３は、マリファナでハイになっていた。驚くにはあたらないが、グループ１の成績が最もよく、ほかのグループより平均10ポイント高かった。電子メールに気をとられたグループは、マリファナグループより平均６ポイントも成績が悪

かったのである。

　電子メールが発明されるずっと以前にガートルード・スタインがこう指摘している。
「誰もが一日中あまりに多くの情報を受け取っているので、一般常識を失っている」

　もしあなたが賢く幸せに働きたいのなら（そう思わない人がいるだろうか？）、電子メールの受信箱をうまく管理しなければならない。ティモシー・フェリスは、そのための第1のステップは罪悪感を覚えないことだと言っている。
「情報をあまりに多く受け取りすぎていることを認めよう。それはあなたの責任ではない。処理できる以上の情報を受け取り、その量は日増しに増えていると認めるのだ」

　フェリスによれば、過剰な電子メールの扱い方は3つあるという。まず、「いちいち反応する」。それではどんどんストレスが増えて混乱してしまいかねない。何も読まないことで意図的に離れることもできる。あるいは、「全部ではなく一部の情報——正しい情報——だけ」を手にすることで、「ビット・リテラシー」を学ぶこともできる。

　フェリスが勧めるのは「メディア・ダイエット」だ。つまり、**受信箱に入ってくるメールの大部分を削除し、信頼できて役に立つ情報を与えてくれるものだけを残す**のである。
　次には、**選別したメールを「目を通す価値がある」ものと、「純金」のものに分類する**。「目を通す価値がある」メールは少なくとも自分に関連のある信頼できる情報を送ってくれる発信源からのもの、「純金」メールはいつも間違いなく役に立つ情報や見識を与えてくれる希少な情報源からのものだ。

　「純金」メールは、真っ先に読むようにする。そして、「純金」メールも

「目を通す価値がある」メールも、最初から最後まで全部読むのではなく、知的かつ戦略的に読むべきだ。私がビジネス本の読み方として紹介した方法を使うといいだろう。

受信箱に残すメールをこの２つの種類に減らし、情報を戦略的に読んだ後でさえも、まだ電子メールに時間を使いすぎているとわかるかもしれない。

その場合は、「１つの力（パワー・オブ・ワン）」のルールに従うといい。「純金」メールに目を通して、役に立つ優れたアイデアを探す。すぐに取り入れられるアイデアだ。それを見つけたら、そこで読むのをストップする。

覚えておいてほしいのだが、**たいていの事業では、成功するためにすべてを知っている必要はない。知るべきためにそこにあるものの大部分は知る必要がない。**たとえば、**インターネットを使ってお金を儲ける方法はいくらでもあるが、その２つか３つを使うだけで簡単に６ケタの収入を得ることができる。**

最後に、すでに述べたように、電子メールは一日の終わりに一度だけ開くことを勧める。

これまで何度も気づかされたのだが、私は多くの人がそうしているように朝一番にメールをチェックすると、読み終わるころには精神的に疲れてしまう。そのために、本当に必要としているときにエネルギーが奪われる。

エネルギーが欠如していると、難しいことや重要なことは何もしたくなくなってしまう。だから、「やっつけ仕事」や「準備」ばかりをすることになる。頭が整理された状態だと感じはするが、キャリアの向上や大きなプロジェクトの達成に役立つような仕事ではない。

仕事に関連したメールを朝処理しようとすると、本来かかる時間の２倍もかけていることにも気がついた。私のゴールにとって重要でなかったり無関係だったりする「議論」に巻き込まれてしまいがちだからだ。

すでに述べたように、このタイプのメールには誰かがあなたに代わりに解決させようとしている問題があふれている。一日の終わりまで無視しておけ

ば、その多くはすでに処理されているだろう。それによってあなたは本当に優れた、情報が詰め込まれた、本当に望み必要としている「純金」の電子メールから利益を得るために時間を使うことができる。

エネルギーが枯渇すると、マンネリになる

　私のよき友人でビジネスパートナーでもあるレナードがこんな質問をしてきた。

　君はマンネリをどうやって避けている？　仕事への情熱を取り戻すには？　毎日新たな気持ちで取り組むには？　それについて考えてみたことはあるかい？　私はよくあるんだ。それでみじめな気分になる。罪悪感と無力感を覚える。一日をムダに過ごしてしまいがちだからだ。また気持ちを高めるには、新しいプロジェクトに熱中するしかない。でもときどき、やる気を取り戻すまでに時間がかかりすぎる。

　レナードのこの経験を、あなたはどう思うだろう？　ひどすぎると思うだろうか？
　朝起きても疲れがとれず、やる気が起きない。仕事が恐ろしくなる。しなければならないことより、ほかのあらゆるものが興味深く思えてくる。
　その気持ちは数時間で消えることもあるし、何日も続くこともある。あるいは何週も続くかもしれない。まったく非生産的で——完全に不必要だ。
　この経験をあなたの人生から一瞬にして消し去る方法を教えよう。だがその前に、なぜときどきそう感じてしまうのかについて考えてみることにしよう。

　ここから先の３つのパラグラフは子どもと敬虔な信者は読まないほうがい

いかもしれない。

　ときおり自分の仕事にまったく意味がないと感じてしまう理由は、それが本当に意味のない仕事だからだ。
　人生についても同じことが言える。残念ながら宇宙は無の空間であって、あなたの個人的な楽しみのためにつくりだされた魔法の国ではない。
　意味とそれに伴う情熱は、あなたの外に存在するものではない。それはあなたの内から生じるものだ。どこかで見つけてくることはできない。あなた自身が生み出さなければならない。生み出すことをやめた瞬間に、それは消えてしまう。

　マンネリに陥ったときに感じる不安は、これまでずっと生み出してきたエネルギーが衰えることによって生じる。
　いいだろう。これはあなたにとっては信じたくないことかもしれない。宇宙に意味がないなんて、あなたの信念に矛盾するかもしれない。問題はそこではない。私がこれから話そうとしていることは、あなたがその因果関係を理解していようがいまいが、うまく機能してくれるからだ。
　まず、不快な気分になる２つの理由から説明しよう。

１．生化学的なバランスが崩れている（ひどく気分が悪いのなら助けが必要だ）。
２．何か／誰か／どこかが間違ったことをしている。
　　自分のしたいことを……一緒にしたい人と……したい場所で……行う

　本当にやりたくないことをしているのなら、仕事を変えたほうがいい。あなたの生活にかかわる重要な人たちについても同じことが言える。
　周囲にいるのがエネルギーを消耗させるような負け犬ばかりなら、彼らをクビにしてしまったほうがいい。暮らしている環境も同様だ。
　本当にがまんできない？　考えるたびに気分が落ち込む？　暖かい気候と

晴れ渡った青空を夢に見る？（それならフロリダに来るといい！）
　一方で、自分の仕事／同僚／住んでいる環境を基本的には気に入っているのなら、それらを変えることを夢想して時間をムダにしてはいけない。

3ステップで
マンネリを避ける

　私はスランプに陥る必要などないと述べた。それは本当だ。もっとよいニュースがある。マンネリから抜け出すのは比較的簡単だということだ。

1．エネルギーの残量がわずかしかないこと、そしてエネルギーこそ必要なものであることを認める。脳の中にモチベーションの操作パネルがあると想像してみよう。パネルには数十のヒューズがつながれていて、それぞれがエネルギーの伝導体になっている。スランプに陥ったときは、ヒューズの多くが飛んでしまった状態だ。
　飛んでしまったヒューズ——何らかの種類のネガティブで自虐的な、あるいは自分の行動を狭めてしまう思考——は、性能のよいヒューズに取り換える前に取り除かなければならない。
　飛んでしまったヒューズを取り出すには——。
　スランプは乗り越えられるのだと認識する（前にも乗り越えたことがあるのでは？）。
　自分に腹を立てないように努力する（これは基本的には生化学的な問題なのだ）。
　自分がどれほど幸運かを思い出す（もっと不幸な人が星の数ほどいる）。
　特定の問題に悩んでいるのなら、最悪の結果を想像して、それを生き残る方法を見つけ出す。そうすることで不安は中和される。

2．何か——なんでもいい——ちょっとした変化を与えてくれることをす

る。その経験を通して得られる多くのことを考える／話す／実際にすることで、少し元気が出てくる。私に効果のあったいくつかの行動を紹介しよう。あなたにも効果があるかもしれない。

・何か音楽を大音量でかける。「気分が高揚する」音楽を選ぶようにする。私の今朝の選曲は、ザ・ビーチ・ボーイズの「ヘルプ・ユー・マドンナ」だった。この曲にはものすごく回復効果がある。
・ダンスをする（誰も見ていないことを確かめてから）。
・どうしても踊る気になれないときは、何か激しい運動をする。なりふり構わずジャンピング・ジャックス（訳注：ジャンプしながら脚の開閉を繰り返す運動）でカーペットの上を跳ね回るのでもいい（これも、こっそり自分だけで行うこと）。
・鏡の前に立って微笑む。100回微笑む。微笑むという身体的な動きでエンドルフィンが分泌されることを知っていただろうか？　試してみるまでは信じられないだろう。ぜひやってみてほしい。

　これらをたっぷりやってみれば……飛んだヒューズはすっかり取り除かれている。これで第3段階に進む準備ができた（次がプロセス全体の本当に重要な部分だ）。

3．やりがいのある課題——あなたにとって価値があり役立つこと——を完成させる。

　そのためのコツは、する必要のある意味ある課題を常に用意しておくことだ。あなたが忙しい人なら、それは問題にはならないだろう。取り置きしておく課題は範囲が比較的小さなもの、つまり数時間もあれば終わらせられるものが好ましい。

　あなたの取り置きリストがどんなものになるかは私にはまったく見当がつかないが、私自身のリストなら、おそらく何かを書くことが含まれる（短いストーリー、脚本の1シーン、「ＥＴＲ」のためのメッセージなど）。もっと日常的なちょっとした作業も含まれるかもしれない（半年前から切れている電球を交換するなど）。

その作業はあなたにとって重要でなければならない。また、きちんとできるものにすること。その条件に当てはまる何かを実際にすれば、やり終えるころにはスランプから脱しているだろう。
　この方法はいつでも効果がある。**スランプ脱出とは、あなたのエネルギーを奪っている問題を忘れ、エネルギーを与えるようないい仕事をすることにほかならない**。その秘訣は、段階を経てマンネリを乗り越えることだ。そうしないとうまくいかない。
　もう1つ。スランプに陥りそうな気分になったときは、それを無視してはいけない。すぐに行動に移そう。

　スランプはひどい頭痛と似ている。がまんできないものだが、たいていはゆっくりと近づいてくる。最初の兆候が現れ始めた段階でこちらから攻撃すれば、追い払える。やっつける時機を逃すと苦しむことになる。暗い気分になったり、落ち込んだり、単純にけだるくてやる気が起きないと感じた瞬間に、それをやがてくる病気の兆候だと認め、ここで紹介した3段階の治療法にとりかかろう。

問題解決のために
プランBを用意しておく

　契約してくれるはずだった新しい顧客が、突然キャンセルしてきた。
　約束されていた昇進話が消えてなくなった。
　配管工が約束していた期日が、何もなされないまま過ぎていった。
　こうした失望に対処する秘訣は、「もしこれが実現しなかったら？」のプランを初めから用意しておくことだ。
　つまり、**プランAをつくるときには必ずプランBもつくっておく**のである。そして、優れたプランBをつくり、それを（プランAを思い描いた後

で）ビジュアル化しておけば、たとえプランAが失敗しても失望を感じずにすむ。

　たとえば、今年のクリスマスはロンドンで過ごそうと思い、あれこれ計画を立てるときには、なんらかの理由で旅行に行けなくなったときに代わりに何ができるかについても数分でいいから考えてみる（自宅で過ごす特別なクリスマス――何かこれまでと違う楽しい方法で祝う――のほうがもっと楽しいとわかるかもしれない）。

　代替プランを用意しておくことは、日課となっている行動が思いがけなく中断されたときにも役に立つ。**ずっと前からやりたいと思っていたことのリストをつくって常に準備しておけば、予想外の中断時間を豊かで価値ある経験に変えられるかもしれない。**

　たとえば数年前、私は膝を壊して手術を受けなければならなくなった。そのために２週間ベッドに寝たままになり、半年は柔術の練習もできなくなった。私のような多忙なスケジュールの人間にとって（それに凝り性の性格でもある）、これは最悪の事態になっていたかもしれない。前にも膝をけがした経験があったので、いつかまた手術をすることになったときには回復期間をどう耐えられるものにするかについて、代替プランを考案してあった。

　２週間ベッドで過ごさなければならないとき（痛み止めの薬を使っているので、頭を使う重要な仕事はできない）の私の代替プランは、それまで見る機会のなかった、あるいは一度しか見ていない映画の名作を片っ端から見ていくことだった。半年柔術の練習ができないことへの代替プランは、その時間を使ってひどい痛みに悩まされていた肩と背中を休ませて回復させることだった。

　映画を見るほうのプランは非常にうまくいった。一日に名作を２本か３本ずつ、全部で30本以上は見ただろう。２週目には机の隅のほうに積み重なっていた５、６冊のビジネス書を読むこともできた。落ち込んだり虐げられたように感じたりするどころか、回復初期のこの頃はとても気分よく過ごすこ

とができた。それもすべて、ずっと前からしたかったことにようやく手をつけることができたからだ。

運動ができない半年間の代替プランのほうは、これよりも大変だった。時間のあるときには柔術クラスに顔を出していたのだが（ときにはレッスンの手伝いもした）、たいていは、まだ練習できないことにイライラした。膝が少しずつよくなるほどその気持ちが強くなった。

それでも、3年以上先延ばしにしていた肩と背中の調子を戻すことにこの時間を使ったので、何かを達成した気分にはなることができた。そしてしっかり自分の体を癒すことに専念した結果、ようやく練習を再開できたときには、何年ぶりかで故障箇所のない体（老化は別にして）で対戦に臨むことができた。とても気分がよかった。

今日にでも5分だけ時間をつくって、自分にこう問いかけてみてほしい。

・**自分のキャリアを向上させるうえで今すぐにでも期待できる前向きな展開とは何か？**
・**それが起こらなかった場合は何をすべきだろう？**

私生活についても同じ問いかけをしてみてほしい。

代替プランを用意していないのなら、今すぐに考えたほうがいい。そのときには必ず自分が楽しくいられるものにすること。楽しいと思えないようなら、もっと考えてみる。プランを洗練させればさせるほど、魅力的なものになっていくはずだ。

思いがけなく時間ができたときには、今のうちにこれまでずっとしたいと思っていたプロジェクトや作業のリストをつくって用意しておく（小説を書くことを考えたことはあるだろうか？　自分の家系をたどってみることは？　外国語を話せないことにずっと引け目を感じていなかっただろうか？　サルサを踊れないのでは？）

自分の「夢の」プロジェクトを気軽に考える時間をつくって、それを練り上げ、どうやって実現させるかを想像してみる。時間をかければかけるほど夢中になっていくだろう。そして実際にそのときがきたら（ほぼ間違いなくやってくる）、あっという間に失望から期待へと気持ちを切り替えることができる。

自分の中に
本当の幸せはない

　最近メディアでよく取り上げられる数多くの幸福への処方箋の中でも、最も人気があるものは最も役に立たないものでもある。私が話しているのは「自分自身に注意を向ける」ことによって、「うつ」を打ち負かすというアドバイスのことだ。
　真実をいえば、自分に注意を向けてもまったく幸せな気分にはなれない。それどころか、自分に注意を向ければ向けるほど、幸せな気分が薄れていってしまう。内に目を向けると、無力感が永続してしまうのだ。
　『60ミニッツ』の看板レポーターだったマイク・ウォレスは、うつをこう定義している。
　「太陽の輝きが何も意味しなくなる。季節の移り変わりも友人たちもおいしい食べ物も意味を失う。することといえば、ただ自分自身を見つめて、いかにひどい気分かを確認するだけだ」

　あなたが知る最も幸せに見えない人たちのことを考えてみてほしい。彼らはいつも何を話しているだろう？　彼らの業績。彼らのトラブル。彼らの希望。彼らの不安。彼らのあれこれ。要するに、自分のことばかりだ。

　私にはある友人がいる。ここではシェリーと呼ぶことにしよう。
　シェリーは賢く、魅力的な容姿の女性だが、長期的な関係を維持すること

ができない。なぜそうなるのかが自分でもわからずにいる。「みんな私のことを失望させるのよ」と、彼女は言う。語るべきエピソードには事欠かない。

　私たちは年に二度か三度、一緒にランチを食べる。そのたびにシェリーは彼女を落胆させた人たちのことをノンストップでまくしたてる。上司への不満、夫についての愚痴。それを彼女なりのユーモアを交えて話すのだが、すべて「ああ！　もう！　まったく！　私のどこが悪いのよ！」ということなのだ。

　私はシェリーに何かボランティアの仕事をするか、趣味を持つかすれば、もっと楽しく過ごせるだろうとアドバイスした。ペットを飼うのもいいだろう。でも、彼女はまったく聞く耳を持たない。

　はたから見れば、シェリーには不満を言うようなことは何もない。体はいたって健康だし、立派な家族を持っている。経済的にも自立していて——地球上で最も幸運な人たちに分類されるだろう。でも、彼女自身からしてみれば——内から見れば——ネガティブなことばかりなのだ。

　あなたの周囲にもシェリーのような人がきっといるだろう。もしかしたら1人だけではないかもしれない。

　世界中のシェリーのような人たちの問題は、彼らが自分のことを考えたり話したりすることに貴重な時間を使いすぎているということだ。生活は全然よくなっていかず、それがなぜなのかわからない。解決策は周囲の人に同情してもらうことだと思っている。人から注目を集めようとすることが問題の大きな部分を占めていることに気づいていない。

　その理由については、私なりの持論がある。

「うつ」を克服する
9つのステップ

　宇宙には基本的に２つの衝動がある。「収縮」と「弛緩」だ。すべてのもの——生命のあるものもないものも——は、それこそいかなる瞬間にも密度が高くなったり低くなったりする。究極の高密度がブラックホールで、光を吸い込んだきり放出しなくなる。

　精神的な生き物である人間の意識は、常にエゴの収縮と弛緩の間を行き来している。自分本位の収縮的な衝動は仕事や創造的アートの原動力になるが、緊張、病気、絶望の原因にもなる。分解への衝動は愛情関係の源だ。それは私たちをリラックスさせ、自己の最終的な分解、すなわち死を受け入れる準備をさせる。

　収縮への衝動は愛され、認められ、受け入れられたいという自己本位の喜びを与える。弛緩への衝動は仕事や人生や周囲の人を愛するという利他的な喜びを与える。

　収縮と弛緩のどちらも喜びをもたらす。だが、収縮の喜び（利己的な喜び）は一時的であるのに対し、弛緩の喜びは長く心にとどまる。

　人から注目されるとよい気分になる。だが、それが最大になったときでも（映画スターになったところを想像するといい）、関心が離れていったとたんに喜びは消えてしまう。そして利己的な喜びが離れていくと、むなしい悲しみがその場所を埋める。

　この状況はドラッグを使うこととよく似ている。効果は一時的なもので、やみつきになり、もっと欲しくてたまらなくなる。求めれば求めるほど欠乏感を覚え、最後には自分を殺してしまう。

　「そんな深刻な話はもうたくさんだ。それが私になんの関係があるって言うんだ？」と、あなたは思うかもしれない。

1つだけ言わせてほしい。次に悲しくなったり腹が立ったりしたときには、また楽しい気分になる方法があることを思い出してほしい。エゴを弛緩させるのだ。
　その方法を教えよう。

ステップ1

意味がないと感じるときがあるのはまったく普通のことなのだと受け入れる。芯が強く、数々の実績を築いた人でさえ、ときには気が滅入ってしまうこともあるだろう。意欲的な人がそんなふうに感じるのはまったく自然なのだ。生産性についての専門家、ティモシー・フェリスが言っているように、「ときおり感じる自信喪失と悲しみは、何か際立ったことを築いていく上では不可欠」なのである。

↓

ステップ2

自分自身にした何かのために腹を立てているのなら、自分を許す。あなたは失敗した。それはかまわない。重要なのは次にすることであって、過ぎたことではない。
　私は仕事の責任が重くのしかかったときに怒ってしまうことがある。すべての仕事についてそうなる理由をよく考えてみると、たいていはそもそも私が自発的に引き受けた仕事なのだ。事前の自分自身の行動によって気分が影響されているとわかったとき、私は幸運なのだと思い至る。
「お前が腹を立てるのはかまわない。でも腹を立てる必要などない。今日が終わるころにはすっかり忘れられるさ。そして、明日はより強い自制心を持って一日を過ごすことができる」
　そう自分に言い聞かせる。すると、すぐに気持ちが楽になる。

↓

ステップ3

誰か他人があなたに対してしたことに腹を立てているのなら、鎮静剤を飲む。10数える。他人の行動をコントロールすることはできないのだと認め

る。あなたがコントロールできる唯一のことは、彼らの行動に対するあなた自身の反応だ。誰もあなたのために怒りを取り除いてはくれない。

『夜と霧』を書いたヴィクトール・フランクルは、「刺激と反応の間にはいくらかの『間』がある」と言っている。

「その『間』の中で、どう反応すべきかを選ぶことができる。人としての成長と自由は、どんな反応を選ぶかにかかっている」

以前の私は、家族や友人や同僚が何かミスをするとすぐに腹を立てていた。今ではそれがどんなに愚かだったかわかる。怒っても私にはなんの得もないのだ。自分を非生産的で不機嫌で、一緒にいて楽しくない人間にするだけだ。私はもう一方の頬を差し出す（甘んじて受け入れる）ことを学んで自分を変えることができた。他人の欠点に腹を立てるのをやめたとたんに、自分に対しても優しい気持ちになっていた。この効果は驚くほど大きい。

通りで誰かがあなたにぶつかってきて、あなたは足首を捻挫したとしよう。あなたには選択肢がある。相手に腹を立てる。周囲への注意が足りなかった自分に腹を立てる。あるいは相手も自分も許し、けがについての考え方を変える。1〜2週間、寝ていなければならない不便を嘆く代わりに、療養期間を贈り物と考え、新しいプロジェクトをスタートさせたり読んでいなかったものを読んだりできる機会ととらえるのである。

↓

ステップ4

非現実的な期待で人間関係を台なしにしない（他人の行動に腹を立てないことのサブカテゴリー）。配偶者の何かの習慣に腹を立てる代わりに、相手は変わらないという事実を受け入れ、相手のことを許し、そうした欠点を持っている相手を愛おしくさえ思えるようになる方法を探す。子どもがだらしないと腹を立てる代わりに、（話すのではなく手本を示すことで）きちんとしているのがどうしていいのか穏やかに教え、子どものたくましさを愛する方法を見つける。ビジネスパートナーが期待したほどの働きをしないことに腹を立てる代わりに、パートナーがもたらしてくれたものに感謝すること

を学び、怒らずに新しい取り決めを交渉する。

　ありのままの相手を受け入れることは、相手にあなたの人生をみじめにすることを許すという意味ではない。そうではなく、現実的になるということだ。人の根本的な性格の90％は変えられないのだと認めるのである。何か特定の行動を受け入れられないと思ったら、相手を変えようとするのではなく（それは不可能だ）、それへの対処の仕方を変える（それならあなたにもできる）。

↓

ステップ5

自分にはどうしようもない状況に腹を立てているのなら、鎮静剤を２倍飲む。オックスフォード・クラブの投資ディレクターでインベストメントＵの会長でもあるアレックス・グリーンは、「ＥＴＲ」の記事「The Psychology of Optimal Experience（最適経験の心理学）」の中で、トラブルに直面したときにはそれを「問題」（解決できる）あるいは「苦境」（対処できる）と定義すれば、より効果的に処理できると書いた。

　嵐に巻き込まれたり風邪をひいたりするのは、自分に腹を立てる理由にはならない。ついでにいえば、世界規模の経済危機に巻き込まれるのも同じことだ。

↓

ステップ6

仕事が楽しく思えなければ、自分のしていることを好きになる方法を見つける。アルベール・カミュはこう言った。
「だが、人とその人生の単純な調和なくして、何が幸福であろうか？」
　嫌いな職についていたり、好きなプロジェクトでよい仕事ができなかったりすれば、幸福を経験することはない。自分がしていることを好きになることを学べば、エネルギーが回復し、その仕事を楽しみ始めている自分に気つくだろう。

↓

> ステップ7

　何かスポーツか難しいエクササイズをする。要求が多くて、頭を使って考えていてはできない何かを。ウォーキング、ストレッチ、ヨガは素晴らしいエクササイズだ。穏やかな気持ちでこれらに取り組めば、健康になるだけでなく幸せな気分にもしてくれる。だが、気持ちが落ち込んでいたり、自分を憐れんだりしているときにこうした運動をしても、気分転換にはならない。エクササイズのことを忘れ、自分のネガティブな思考に集中してしまう。それでは状況は悪くなる一方だ。

↓

> ステップ8

　体の健康は、気分と大いに関係していることを認める。ほとんどの時間を不快な気分で過ごしているのなら、おそらくライフスタイルのいくつかを変える必要があるだろう。

・**健康的な食生活にする**。

　炭水化物のとりすぎはイライラと不機嫌と疲労の元だ。一日中エネルギーを持続させるには、食べるものを燃料にしなければならない。一日の食事の回数を6回にして、量は少なめにする。ジャンクフードを避けてオーガニック食品や赤身の肉を選び、タンパク質をたくさんとる。

・**十分な睡眠と休息をとる**。

　私の場合、十分な睡眠をとることが優れた気分の大きな源になっている。調査の結果、一日7時間の良質な睡眠をとっている人は長生きしやすく、病気にかかることが少なく、エネルギーがたっぷりあるので多くを成し遂げることがわかった。昼間疲れを感じたときには短い昼寝をとるといい。

・**抗うつ剤に関しては、信頼できる医師のアドバイスを得る**。

　私は基本的には自分の体に薬を入れることには反対で、自然治癒のほうを好む。身近に抗うつ剤が大きな助けになった人もいるので、あなたにも役に立つかもしれない。

↓

ステップ9

「内」に集中するのではなく、「外」に目を向けてポジティブな態度で進む。自分よりも人に注意を向ける。少し例を挙げよう。

・**友人たちを幸せにしてあげる**。会ったときはニッコリ笑いかけよう。話を聞く。求めているアドバイスを与え、必要でないときには口をつぐむ。切羽詰まったときに頼りにしてもらえる人になる。彼らの小さな過ちを愛し、欠点を克服するように励ます。何よりも忠実な友人でいる。

・**職場の同僚に対しても、信頼できる堅実な人間であるようにする**。彼らがゴールを達成するのを助ける——なんらかの形で見返りを期待しているからではなく、ただ彼らのことを気遣い、成功してほしいと思うからだ。

・**自分の知らない誰かの役に立つことをする**——偶然出会った見知らぬ人、フォスター・チャイルド、あなたの援助で生活が楽になる貧しい人や病気の人に時間とお金を使う。

こうした自分以外への視線がごく自然に日常生活の一部になるようにしよう。目的を持って意図的に行動し、第2の天性にしてしまう。そうなったときにはすぐにわかる。ほとんどいつも幸せな気分でいることに気づくからだ。そして、悲しくなったり腹が立ったりしたときにも、素早く簡単に乗り越えることができる。

富を築く

PART
8

自分の価値を知ってもっとリッチに生きよう

　1人のフランス人女性がパリのレストランでピカソを見かけた。女性は巨匠に近づくと、コーヒーカップを置いて、「私のスケッチを1枚、さっと描いてくださらない？」とねだった。ピカソは快く引き受けた。描き終わると女性は絵をハンドバッグの中にしまい、財布を取り出した。
「おいくら？」と女性が尋ねた。
「5000ドルです」とピカソは答えた。
「5000ドルですって？　たった3分しかかかっていないじゃない！」と彼女は叫んだ。
「それは違いますよ。私は全人生をかけて描いたのです」

　仕事に対する考え方は私も同じだ。私のスキル——マーケティング・コンサルタントとして、小規模ビジネスの企業家としてのスキル——はとても価値が高い。あなたが製品を売るなり、事業を拡大するなりするのに私の助言

を求めるなら、少なくとも１時間2000ドル支払う覚悟をしていただきたい。

この値段はスケジュールに……労働時間に……空きがあった場合だけだ。もし私のプライベートの時間——夜や週末、あるいはバケーション中——に仕事を依頼されるなら、さぁ、一体いくらになるだろう？　聞かないほうがいい。

「アーリー・トゥ・ライズ（ＥＴＲ）」の長年の購読者であるお金持ちのビジネスマンから、事業拡大のため力を貸してほしいとずっと頼まれていた。最近になって、彼は自分と週末を過ごしてくれたら５万ドルを、そして継続的にサポートしてくれるというなら「もっとたっぷり」支払うと提案してきた。

私はその申し出を丁重にお断りした。なぜ断られたのか、彼にはなかなか理解できなかった。「１時間3000ドルお支払いするんですよ」と彼は言った。

確かに16時間（２日間の仕事）で５万ドルというと、時給3000ドルちょっとになる。

私はそんな仕事は受けたくなかった。彼は「私のプライベートの時間を犠牲にしろ」と言っているのだから。この時間は家族や友人と過ごしたり、趣味に費やしたりするためのものだから、少なくとも労働時間の２倍に値する。

あなたの適正時給を計算する

では、あなたの話に移ろう。「あなたの時間がいくらになるか」という話だ。

私は次の式を使っている——まず１年で稼ぐ金額を把握する。その数字を50週で割り、さらに40時間で割る。

私の友人ウォルトを例に挙げよう。彼は成長著しい不動産事業を経営して

いる。退屈で面倒な仕事をそこまで自分でしなくてもいいことを彼に納得させようと、この式を彼の状況に当てはめてみせた。

ウォルトは年間約15万ドル稼ぐ。これを50週で割ると3000ドル（1週間の収入）。3000ドルを40時間で割ると75ドルになる。

「これが君の労働時間の値段だ。だから1時間75ドルに値しない仕事には手を出してはいけないよ」と、私はウォルトに忠告した。

あなたも計算してみよう。年収を50週で割る。それからその数字を40時間で割る。

計算結果が50ドルに満たなければ、それはあなたがお金を稼げるスキル——会社の最終利益に貢献するスキル——を持っていないことを意味している。**稼げるスキルというのは、製品開発か、マーケティングか、販売、利益管理に関するもの**だ。だから、稼げるスキルがないならこれらの仕事につけばいい……給料も高いわけだし。

一方、今の仕事でできるだけ自分の価値を高めるという手もある。そして今後のキャリア——や収入——アップにつながる本当に重要な仕事に集中するのだ。遠からず、あなたの時給は現在の2倍にも3倍にもなるだろう。

言うまでもなく、**プライベートの時間はもっと価値が高い。仕事をして過ごす時間の3倍……5倍……いや10倍に値するかもしれない**。どれだけの価値があるか、それはあなたにしかわからない。それでも、どう少なく見積もっても労働時間の2倍の価値はある。

具体的な金額が出れば、あなた個人の仕事をすべて、その金額に「見合う」ものにすることができる。

たとえば、私の式を当てはめてみて、あなたの労働時間が時給25ドルになったとしよう。プライベートの時間に2倍の価値があるとすると、1時間50ドル。では、あなたが夏に毎週末3時間、庭仕事（芝刈り、生垣の手入れ、畑仕事など）をするとして、その仕事は150ドル（プライベートの時間の値段50ドルの3倍）に値するのか、自分に問うてみる。値すると思えば続

ければいいし、値しないと思えば誰かを雇ってその仕事——週150ドルよりずっと低い金額にしか値しないと思う仕事——をやらせればいい。空いた時間を心から楽しめる活動に充てるのだ。

外注できる家事——掃除やペンキ塗り、洗車についても同じことが言える。

一日が24時間なのはみんな同じ。**労働時間の対価としていくらもらうか——余暇をどれだけ楽しむか——は、どちらもあなた次第**なのだ。

お金持ちになる習慣と行動を身につける

「君のような生き方はできないよ。たくさん稼ぐやつの思考回路なんてサッパリわからないからね」と、ジェフは言った。
「金儲けしたいのかい？」と、私は尋ねた。
「悲しいことにね」
　苦笑いしてジェフは言った。
「そのとおりなのさ」
「じゃあ、自分の生き方はひとまず横においといて、自分の行動に注目しろよ」
「というと？」
「自分はどうして金儲けできないのだろう？　と考えるのをやめて、それを実現させるために行動するんだ」
「たとえば？」

　私は一枚の紙を渡した。
「まずは20年でどれくらい稼ぎたいか、その金額を書いてみたまえ」
　ジェフは書いた。
「では、年々どうやってその数字まで増やすかについて話そう」

PART 8　富を築く　273

1時間も経たないうちに、20年間で目標とする資産を得ることができた。本年度の目標は十二分に達成していた。ジェフはがぜん、やる気になった。
「こりゃあ、素晴らしい！」
「ご感想は？」
「できそうな気がするよ」

　生き方は行動を変える。だが行動が生き方を変えることのほうがはるかに多い。
　言い方を変えよう。**金持ちになるには、どれだけポジティブな人間か、あるいはネガティブな人間かではなく、具体的な行動をとることができるか、できないかによって決まる。**
　セルフヘルプ（訳注：自助。本人による本人のための活動）業界では、このテーマについて誤った情報が氾濫している。変身願望のある人は、自分の中には切り替えスイッチがあって、それを見つけることができればカウチポテト族から現金製造マシンへ変身できると信じている。
「そのスイッチは脳のどこかにある。それを見つけて作動させれば、あとは簡単だ」というのが彼らの主張だ。
　そう、金持ちになるのはたやすい……。ただ、「進んでやろうとしていることが金持ちになることについて考えること」だけだと失望することになるだろう。
　耳が痛いかもしれないが、私の話は聞いたほうがいい。そこは信じてほしい。
　私はプラス思考を否定しようとしているわけではない。いろいろな意味で、そのような考え方はきっと役に立つと思う。

　私は毎朝歯を磨く。10回以上は鏡の中の自分に向かってにっこり笑いかけ、自分にエネルギーを送って生産的な気分に持っていく。スピーチをしたり、レスリングの試合に参加したり、プレゼンテーションしたりするときには、うまくいくように頭の中でシミュレーションして心の準備をする。

こんなことをしていてもお金は貯まらない。

お金を生むパワーを持つには、富を築くためにターゲットをしぼった行動を起こさなくてはならない。その行動を一つひとつ実行するたびに、自分の中の奥深いところで変化が起きていることを実感するだろう。

これこそあなたに本当に必要なこと——。富を築く習慣と行動を変えることなのだ。

先に自分のお金を確保すれば自動的に金持ちになれる

書店で資産運用設計の本を手にとってみれば、同じアドバイスが書かれているはずだ。いつかリタイアする日のために十分にお金を蓄えたいなら、まずは予算を立てること。

コストをリストアップして支出を抑えれば、毎月十分な金額を残すことができる。お金が貯まる。金持ちになれる……というようなことが書かれている。

問題は予算を立てるときに、最初に——家主かクレジットカード会社か電話会社など——に支払いをしなければならない点だ。結果、どんなに努力しても銀行にほとんど貯金できずに終わってしまう。

そこで自分を責め立て、来月はもっとがんばろうと心に誓うが、決して改善されることはない。支払うべき予想外の請求書や、思いがけないお得なセール、使いみちのわからない200ドルか300ドルの見落としが必ず出てくる。

私は約20年間、資金計画に取り組んできたが、効果はなかった。その後、私は計画どおりにいく戦略を見つけた。おかげさまで極めて順調だ。それほど順調な理由は、その戦略が実にシンプルなものだからだろう。

たとえば、支払いを受けるたびに、あるいは利益をあげるたびに、あるいはどこからかしら**お金が入ってくるたびに、すぐに決まった割合を貯蓄口座に入れる**。各種請求書に対して支払う前にお金を取り分けておくということだ。

自分自身を1つの会社として考えてみるといい。その会社のＣＥＯとしてのあなたの仕事は、大きな利益をあげることだ。そして、この特別会計に入れるお金はあなたの利益だ。その後に使うお金——請求書などに支払われるお金——はすべて支出となる。

貯蓄口座に入れた分だけが、本当の意味であなたのものになる。あなたはこう言うかもしれない。
「これじゃあ、自分をごまかしているだけじゃないか。ルールを決めれば、請求書の支払いをしてからでも同じ金額を貯金することはできる」
そうするほうが責任感が強いとまで考えるかもしれない。
それは違う。個人（「あなた」という会社のＣＥＯとして）としてのあなたの責任は、まず経済的に独立することだ。そうすれば他人や行政を頼ることはない。自分のニーズや家族のニーズに応えられる。これこそ強い責任感が必要なゴールといえる。しかも、このゴールはお金を先に確保すればいとも簡単に達成できるのだ！

プロセスをある程度自動化するため、給与の一部を毎月電子的に自分の口座に移すようにする。実質的には、自分のための2番目のお金を確保することになる。行政は常にあなたの給料に対する権利を真っ先にぶんどろうとする。だが、税金の支払いが先送りできる退職勘定——ＩＲＡやＳＥＰ、401（ｋ）や403（ｂ）を準備しておけば、源泉徴収税という攻撃に打ち勝つことができる。

私はまず自分が受け取る収入のうち一定の割合を貯蓄口座へ移している。その後に許される限りのお金を税金繰延勘定に入れる。

私は全収入——課税対象のお金——の中から一定の割合を移す保有口座をまた別につくり、行政には2番目に支払うようにしている。
　その後に請求書の支払いをする。
　あなたの現在のやり方がこの方法と異なっている場合はお試しあれ。あなた個人の利益勘定が増える速さに目をみはることだろう。

業界トップに登りつめる最善の方法

　同僚の上を行き、ライバルに打ち勝つ最善の方法とは？　彼らよりも精力的に仕事をすることだ。
　これを聞いておじけづく人は、次のように考えてほしい。**ほとんどの人はたいして仕事をしていない**のだ、と。
　仕事のある日は最小限の仕事しかしないという人もいる。せかせか働いているが成果は微々たるもの、という人もたくさんいる。そういう人は、長たらしいメモを書いたり、話し合いなどたいしていらない問題について議論したり、どうでもいいことで意見を戦わせたり、退屈な仕事で時間を使っている。

　成功するかしないかを決める重要な課題に——長時間にわたって精力的に——取り組む人が、ほんのひと握りいる。この点を理解し、激務をそれなりにこなすだけでも、救いようのない怠け者や使えない連中の上に立つようになる。一日9時間、手際よく仕事をすれば、たいていの組織でいずれは幹部まで登りつめるだろう。
　最後の一段を上るのは一筋縄ではいかない。ここまでくると、精力的で手際のよいほかの誰かと競うことになる。その中にはあなたに欠けているものを持っている人もいる。もっと頭のいい人もいる。もっと個性的な人もいる。もっといいコネを持っている人もいる。

そんな彼らでもあなたにかなわないものが１つある――それは時間だ。彼らが考えているよりもっと多くの時間をもっと効率よく過ごしたり、活用したりできれば、彼らよりも抜きん出るだろう。

確かに人生とは公平にはいかないものだ。お金や美しさ、知性、才能となると人それぞれだし、自分ではどうすることもできない。**時間だけは誰にでも等しく、一日24時間が与えられている**。その時間で何をするかが、あなたの成功と幸福を決めるのだ。

起業してお金を稼ぐ人、稼げない人

お金を３年ごとに倍増させるには、年間で平均約26％の利益が必要になる。26％という目標は容易か？　困難か？

私の投資実績を見てみると、以下のようになる。

・株式

ほとんどが手数料無料のファンドで、一部優良株がある。平均すると、長年にわたって過去100年間の市場と同じくらいの実績をあげてきた――つまり約10％。株ではもっと儲けることができたはずだ。そういう人をたくさん知っている。しっかり注意深く彼らのアドバイスを聞いていれば、株で年15〜18％は儲けられたに違いない。それでは３年ごとにお金を倍増させるには足りないが、それでも時間とともに私を金持ちにしてくれた。

・Low-Cap（低型）株式

いっとき試してみたが、大損したので手を引いた。

・債券

トリプルAマイナスを買い、売買はしていないので、市場価格分を保有していることになる。過去25年でだいたい平均4・5％――私の税率区分で――税引き前だと約7％になる。9年ごとに7％ずつ増えていく。これは私の財産をそれほど増やしはしないが、株式市場での損失や（通常は）インフレーションから財産を守ってくれる。私の流動投資の約50％――純資産の15％は債券だ。

・オプション取引

手を出したことはない。

・為替取引

経験なし。

・賃貸不動産

約20年間携わっている。これについては経験とともに腕はあがっていった。最初のころの失敗も入れると平均約18％儲けたことになる。賃貸不動産投資のおかげで私はかなりおいしい思いをしている。だから、これまでの経験を応用することで今後はもっとうまくやれると考えている。とはいえ、不動産で年26％儲かるとは思わない。

・不動産売買

私はいいタイミングでこのゲームに参加し、そして抜けた。1990年代には何百万ドルも稼いだ――個人取引で50％か100％かというのが「当たり前」に思えた時代だった。価格が異常な数字になったので、手を引いた（「ＥＴＲ」にその一部始終を書いている）。2002年にパートナーに3頭の馬を買わせるというバカげた失敗（確かに高すぎる買い物だった）を除き、取引で損をしたことはなかった。全体で、平均して年間約30～35％（10年間）の利益をあげていたが、こんな幸運は当分訪れないだろう。ほかの分野に投資し

たほうが絶対いいし（ジャスティン・フォードご推奨の分野）、実際に投資しようとしているところだ。とはいえ、これらの投資で26％の利益をあげられるとは思っていない。

・パッシブ運用（不動産）

　私は約15年間にわたって友人の不動産取引に投資している。運用成績には波があった——当時、開発事業についてたくさん勉強する機会があった——が、この友人との取引では、全体として投資収益率（ROI）は約14％になった。

・海外開発

　過去15年間に数多くの海外不動産を購入した。収益はおおむね非常に順調で——50％以上になった。だが、現在はあまりうまくいっていない。この市場はかなり淘汰されている。

・小規模ビジネス

　私に最も多くの収益——26％をゆうに超える——をもたらした分野は、小規模企業への投資だった。投資先は多岐にわたったが（損をしている会社もあれば収支がトントンの会社やまずまずの利益をあげている会社もあり、大成功を収めた会社はひと握り）、どの新規ビジネスでも当初10～15年間の利益は年間平均50％を超えていたと思う。旧来の事業（資本伸び率がかなりゆっくり）やたまの失敗も含めると、小規模企業への投資によるROIは全体で35％を超えていた。

　新規ビジネスは私に極めて多くのもの——右肩上がりの収入、３年ごとに倍増した財産の原資、興味深いほかのさまざまな投資への参入チャンス、豊かで刺激的なビジネスライフ——をもたらした。

　職業柄——多数の新規事業（基本的にベンチャー持株会社だったダイレクト・マーケティング会社２社を含む）に関与していたことから、過去25年間

に数百の事業の立ち上げにかかわる機会に恵まれた。あなたが想像するありとあらゆる失敗は見てきたし、してきた。いくつかの大成功例にも立ち会ってきた。

　仕事があまりにきつくて愚痴をこぼすこともときにはあったが、新規事業を立ち上げるのが好きであることは認めざるを得ない。なにしろとても面白いのだ。ノウハウもある。

　最近ある事業に着手したのだが、うまくいくと確信している。いつもそこまで自信があったわけではないし、自信を持って当然というほどのことをしていたわけでもなかった。それでも少しずつ、25年かけて、頭の中に小さなガイドブックを集めてきた。このガイドブックは、何がうまくいき、何がうまくいかないかについて、私に適切な助言をしてくれるのだ。

　2007年、このガイドブックを本に書き起こした。その結実が著書の中で一番売れた『大富豪の起業術』（ダイレクト出版）である。
「金持ちになる一番の近道は？」とあなたに聞かれたら、私は「まずは小さなビジネスを始めること」と答える。

　これは私の答えであって、あなたの答えとは限らない。企業家として成功するために時間や創造力やエネルギーを注ぐことをあなたは望まないかもしれない。すでに隠居していて、ゴルフ三昧の毎日を手放したくないかもしれない。自分の小規模ビジネスに投資するのはちょっと……というなら、株式投資や不動産について調べてみるといい。そういう方法では３年ごとにお金を安全に倍増できるとは思わないが、私と同じかそれ以上の成果をあげるに違いない。

　企業家になりたいと考えているなら、願いはかなうだろう。３年ごとにお金を２倍（あるいは３倍にも）に増やせるだけでなく、自分のボスになることでほかにもいろいろなメリットが得られる。

・自分のスケジュールを自由に決めることができる。

- 独自の製品をつくる権限がある。
- ハードルの高さにワクワクする。
- 自分が従業員に収入をもたらしているということを実感する。

　友人のアンナ・Wから、彼女がこよなく愛している音楽で事業を始めたいので手を貸してほしいと頼まれた。現在の引退計画を吟味した結果、今の仕事を続けて地位と収入が上がり続ければ、14年後（67歳）に快適な隠居生活に入れると彼女は試算していた。
　悪くはない。彼女の年齢層のほとんどは、そんなにうまくはいかない。だが、彼女が自分のエネルギーと資力を自身の事業成功のために注ぎ込めば、この「投資」に対してもっと多くの見返りが期待できる。

　アンナは新規事業を平日の夜や週末に仕事をする副業としてスタートさせる。支えとなるパートナーを見つけ、製品を開発し、それを市場に送り出そうとしている。試算の見直しをしたとき、この副業によって——副業が成功すれば（私はかなりの確率で成功すると考えている）——引退時期が14年後ではなく5年後まで短縮されることが明らかになった。彼女は比較的若いまま引退を迎えられることになる。
　そのときになったら、彼女は残りの人生でなんでもやりたいことができる。それがビジネスのいいところだ。
　あなた自身の財政状況について考えてみよう。現状に満足しているか——あるいは3年ごとに持っているお金が3倍になると助かるか？
　あなたが人生でそうした**人並み以上のROI（投資収益率）を必要としているなら、自分のビジネスを立ち上げることを検討するしかない。本業はやめないこと。副業をがんばり続けるだけだ。**莫大なお金を注ぎ込んだり、延々と働いたりする必要はない。こぢんまりと始めればよいのだ。

お金を3年ごとに
倍増させる5つの秘訣

　ここで大成功を収める企業家の（私の経験上絶対に成功間違いなしの）5つの秘訣を伝授しよう。そうすればあなたも起業の天才になれる。

秘訣1：計画に時間をかけすぎない
　市場に参入した時点では、隠れた問題やこれから直面する壁には気づかない（理解できなかったのかもしれない）。いくつか失敗して初めてそういった問題を知ることになる。そして、素早く方向転換しないと問題は解決しない（それに、あなたの新規ビジネスもうまくいかなくなる）。

　成功する新規ビジネスのほとんど（90％ほど）は、予想していたのと異なる成り行きをたどる。「時間やお金のかかりすぎる計画はやめておけ」というのはそういった理由からだ。あれこれ悩みすぎないようにする。**大まかなペースを決めて、逃げ道をつくっておく。あとは目標に向かって前進あるのみ**。臨機応変な者の勝ちなのだ。

秘訣2：お金をかけすぎない
　成功するビジネスの圧倒的多数は、立ち上げ時の予算が限られている。ベンチャーキャピタルの資金調達で利益を得ているビジネスなどほとんどない。

　新規ビジネスの多くは、燃料切れのせいで足踏みもすれば、強化もされる。資金が限られている事業にかかわっている者は、資金が潤沢な人よりも頭を使い、精力的に働き、（一番大事なことだが）必死で売らなければならない。

　まず初めに取り組むべきことは、**現金収入を得る**ことだ。それがあるべき姿だ。ビジネスの足かせとなるのが確実なのはただ1つ——資金不足。だが、皮肉なことに、資本が限られているほうが、キャッシュ・フローは速

く、豊富になる。

秘訣３：迅速に行動に移す

　新製品や新規プロジェクトが失敗する最大の理由は、準備に時間を浪費することだ。いつまでも製品をいじりまわし、フォーカス・グループを追いかけ回し、後から思い悩み、長く費用のかかりすぎる事業計画を立ててから妥協するまでの間に、優れた製品やプロジェクトがいとも簡単に失速していく。

　独立心の強い人は、小規模市場を狙って平気でアイデアを真似ることから始める。真似することで市場調査のコストが省ける——さらに、小規模市場に参入すれば、既存の大企業と競合せずにすむだろう。

秘訣４：まずはすぐに現金を獲得する

　一部のビジネス書に書かれていることに反するが、成功している企業家は、新規ビジネスを興すときに現金収入への最短ルートをとると認めている。なぜなら、彼らには選択肢がないからだ（秘訣２参照）。現金が入ってくるようになれば、製品を改善し、顧客サービスを向上させ、ビジネスを改良する時間と資金が手に入る。

　完璧に練り上げた計画というのはしばしば傲慢になると心に留めておこう。市場参入のためにはどうするのがベストなのか、あなたには確実にはわからない。**新規事業や新製品を立ち上げる際には、どうすれば最速で収支が合うようになるかを考える**。このようにいろいろ考えていると、あなたはもっと入念に市場を観察するようになる。

秘訣５：専門家は不要。あなたが専門家になるべし

　成功している企業家は、事業経営のために専門家を雇ったりしない。自分の頭で考える。新製品や新規プロジェクトを動かすときは人を頼らず、必ず自分でやり遂げる。余計な仕事がどっさりあるとストレスになるし、時間を消費するかもしれないが、長い目で見ればそれだけの価値はある。プロジェ

クトに対する理解が深まり、非常に有益なものとなる。

誰も知らない億万長者の「思考法」

　文句なしに楽しめる著書『The Prime Movers（主導者）』の中でエドウィン・A・ロックは、企業家の思考法について例を挙げている。

　普通の人は、道端に生えている常緑樹、特にところどころ雪などかぶっている木を見かけると、「きれいだな」と思う。そこで思考は止まる。企業家は同じ木を見て「クリスマスにこんな木をリビングルームにおいたら素敵だろうな。この木を買うのはどんな人だろう？」と考える。
　そして、さらに次のような疑問を自分に次々問いかけるのだ。

・常緑樹を育てるのにどれくらい手間がかかるか？
・どんな投資が必要か？
・どの程度大きくなったら切るべきか？
・切って輸送するのはどの程度難しいか？
・コストはどのくらいか？
・落葉はいつか？
・どこで売るか？
・競争の程度はどうか？
・ほかの関連製品をつくることはできるか？——たとえばリースなど。
・そのような季節ものを売って儲けることはできるのか？
・値段は？
・どこから手をつけるか？

　このような**積極的で方向性を持った思考法**が、企業家とそれ以外の人との

分かれ目になる。確かに歴史に登場する成功を収めた企業家——みんな現代の基準からしたら超億万長者だ——は、大胆かつ現実的な思考をしていたように思われる。

ロックは、次のような企業家の例をたくさん挙げている。

> トーマス・エジソン

エジソンは「バーチャルな思考マシンだった。死の直前まで、彼の頭脳からはアイデアがほとばしり出ていた。研究室では一度に60もの実験を追っていたものだ」。

> スティーブ・ジョブズ

ジョブズは人々——投資家や取締役会、顧客や部下、アップル社ＣＥＯのジョン・スカリー——に自分のアイデアをドンドンぶつけた。

> ヘンリー・フォード

「フォードはどんなこまごましたことにもこだわり、小さなことを正しくやり遂げると言い張っていた……。それでも究極の全体目標を見失うことはなかった。彼は新車（モデルＴ）のあるべき姿についてあるビジョンを持っていた。あらゆる思いつき、こだわり、きつい仕事からある機械が生まれた。それがこれまで世界中で製造されてきた中で、最もシンプルで、最も洗練された自動車だった」

あなたはこんなふうに考えるかもしれない。
「そうはいっても、自分はトーマス・エジソンでもスティーブ・ジョブズでもヘンリー・フォードでもない」
それはそうだ。私だって違う。そしてまた、私はそこまでの頭脳を持っていないけれど大富豪になっている企業家の名前を１ダースは挙げられる。

生まれつきの知能は問題ではない。知能が重要だとしたなら、アインシュタインは大富豪になっていたはずだ。商業の世界で問題になるのは、あなた

の「考え方」だ。

　育ちかＤＮＡのせいか知らないが、生まれつき億万長者の思考法を持つ人はいる。頭がよく、野心のある人ならほとんど誰でも、億万長者らしい思考法を身につけることができる。

　あなたは２、３カ月という短い期間で、一つずつ、少しずつ変化することによって思考法を完璧に、永久に変えることができる。とはいえ、多少の努力はいる。ジョシュア・レイノルズは「人は考えるという真の労働から逃れるためならなんでもする」ということばを残している。

　まずはあなたが知っている、あるいは出会うすべての成功者に取材しようと誓おう。彼らの功績をどれほど称賛しているかを伝え、何をどうやって成功したか尋ねるのだ。

　そういった質問に対して成功者が極めて寛大であることにあなたは驚くかもしれない。10人中９人は、知っていることのほとんどすべてをあなたに聞かせたがるだろう。

　残念ながら、20世紀の偉大な企業家の多くは、歴史家やメディアから軽んじられてきた。ロックが『The Prime Movers（主導者）』（2000年）の中で指摘しているように、仮にあなたがアンドリュー・カーネギーやジョン・ロックフェラー、コーネリウス・ヴァンダービルトの名を出したら、ほとんどの人は「境遇を利用した業突く張りの成金実業家ども」とみなす。彼らの功績については何の知識も持ち合わせていない。彼らの知識は根強く残るつくり話に基づくもので、それが成功者から学び、富を得るのを邪魔しているのだ。

　ロックは次のように述べている。

「主導者」というのは、疑いの目で見られるくらいならマシなほうで、最悪の場合、嫌悪や反感を買うもの……とよくいわれる。根本にある最大の（彼らを妬んでいる人たちの）動機は……その優秀さゆえに優秀な人を憎む……

主導者は知性を持ち、成功し、有能だから憎まれる。やることすべてがほかの人より優れているから憎まれるのだ。

　優秀な人を憎んでいる人の究極の目標は、他人の能力を手の届かないところ（不可能レベル）まで引き上げることではなく、無能レベルまで落とすこと——彼らの業績をなかったことにし、栄光を踏みにじり、せいぜい人並みのことしかできないと貶め、罰を与え、何よりも、自分に備わっている美徳にいわれのない罪の意識を感じさせることである。

億万長者と普通の人を分ける8つの違い

　押しも押されもせぬ成功者ともなれば、あなたに反感を持ちそうな人々の操縦法を身につけなければならない。彼らは、自分にできなかったことをあなたが成し遂げたために反感を持っているのだ。が、とにもかくにもまず、人から妬まれる地位につかなければならない。それは億万長者らしい思考をして何十億ものお金を貯めた偉大な企業家の考え方を実践することで実現する。

　億万長者の思考法を持つ誰かについて調べれば——彼らの考え方を明らかにして行動パターンを正確に知ることができれば——あなたの脳は「性能が向上」し、彼らが享受しているような人生を手にすることができるようになる。

　手始めに、私がジョブズやエジソン、フォードなど巨万の富を築いた人々を調べた結果、気づいたことを挙げてみる。

1．「普通」の人は自己を守ろうとする。本当はよく理解していない問題に対応するときに、原因についてわかっているふりをし、ほかの人の考えを知ろうとしない。**億万長者の思考法を持つ人は、のべつ幕なしに質問をする。**

学ぼうというときは自尊心などおかまいなしだ。知識がパワーになると知っているのだ。

２．「普通」の人は消費者心理を持っている。話題の新製品を見ると、どうやって手に入れようかと考える。億万長者の思考法を持つ人は、企業家精神も持っている。**新製品を見ると、「自分の業界で、同じか似た製品を生産するにはどうすればいいか？」と考える。**

３．「普通」の人は願望中心だ。大儲けすることを空想する。億万長者の思考法を持つ人は現実主義だ。**常に自分の成功とほかの人の成功を分析し、そこからどうやって学ぼうかと考える。**

４．やりがいのあるアイデアが思いついたとき、「普通」の人はあらゆる失敗の理由を考える。億万長者の思考法を持つ人は、そのアイデアの可能性に注目し、成功への道について明確なビジョンを描くまではそれを問題とみなさない。

５．「普通」の人は変化に抵抗する。億万長者の思考法を持つ人は変化を歓迎する。

６．「普通」の人は現状を受け入れる。億万長者の思考法を持つ人はものごとを――優れているものであっても――もっとよくしようと考える。

７．「普通」の人は反応する。億万長者の思考法を持つ人は先を見越して行動する。

８．「普通」の人は成功している事業オーナーを見て「ラッキーなやつだな」とか「インチキ野郎め」と考える。億万長者の思考法を持つ人は「成功の秘訣は何か？」とか「どうやったら自分にもできるだろう？」と考える。

謙虚な気持ちで質問することから始める。これを習慣になるまで続ける。それから億万長者のもう1つの特徴——たとえば、売れている新製品を見て「どうやったら自分にも同じようにできるだろう？」と考えるようにする。

このリストに目を通し、**一度に1つの特徴を身につけていけば、3カ月以内に自動的に起業できるようになる**。ごく自然にリーダーとなり、坂道を流れる水のようにお金があなたのもとへ流れ込む。そうなれば、あなたの驚くべき成功をやっかむ「普通」の人たちにいつでも対処できるようになる。

億万長者が持っている変化対応力

パート7に、「普通の人は変化に抵抗するが、億万長者の思考法を持つ人は変化を歓迎する」と書いた。これでは省略しすぎだ。

確かにほとんどの人——知的であろうとなかろうと——は変化に抵抗する。それは変化に不信感を抱く本能がDNAの奥深くにコードされているからだ。

変化への抵抗感は論理の問題でもある。変化によって混乱が生じ、混乱によって余計な仕事が生まれ、余計な仕事がストレスを生む。ストレスは不快で不健全だ。

ではなぜ、私は普通の人は変化に抵抗し、億万長者の思考法を持つ人は変化を歓迎すると書いたのか？ あるエピソードを披露しよう。

10年ちょっと前、ノンフィクションのベストセラーの半数がインターネットを題材にしていた時代に、私の最大の顧客企業の中で最も頭の切れる若いエグゼクティブたちの何名かが、ある計画を持って私のクライアントであるその企業の経営者のもとにやってきた。彼らは事業をオンライン化し、ダイ

レクト・マーケティングモデルの事業から広告主義のモデルへ転換することで、事業を「改革」したいのだという。

経営者は若きエグゼクティブたちの申し出に注意深く耳を傾けた。新しい媒体が提案されるのではないかと興奮し、部下からアイデアがあふれ出していることにご機嫌だった。彼らの計画の詳細を聞いているうちに、胃のあたりがキリキリしてきた。

「興味深いアプローチだね」

彼らがパワーポイントでのプレゼンテーションを終えたとき、彼はそう言った。

「ただ、どうやったらそれで儲かるのかよくわからないんだ」

その部屋にはプロフィット・センター(訳注:利益に責任を持つ部門)のマネジャーが8人いた。そのほとんどが長年この経営者のもとで仕事をしていたため、彼のことばをそのまま受け取ってはいけないことを知っていた。彼の本音が「しばらく聞いたことがないくらいイカレタ思いつきに聞こえる」であるのはわかっていたのである。

この8人のうちの1人が彼のことばを文字どおり受け取り、広告主義のモデルに基づくオンラインのプロフィット・センター設立に取りかかった。その人は数百万ドルのお金と3年を超える時間を注ぎ込んだ。

一方、私のクライアントは、オンラインでニュースレターの配信を始めた。それは彼の知っている旧モデル、ダイレクト・マーケティングに基づくアプローチである——どういうことか? ニュースレターは少しずつ拡大して、2000万ドル規模のビジネスとなり、今では5000万ドルを超えて、オンライン出版フランチャイズの中核となっている。

ここで終わってしまうと、あなたはこの話のポイントが「変化に抵抗する者が賢い」ことだと考えるかもしれない。実際、変化への抵抗は自然であり、賢い行動だ。

変化を拒むのは愚かだ。**変化に抵抗することと、変化を拒むことは大違い**

である。その違いが、普通の人と億万長者のような考え方をする人との差になるのだ。

　さて、答えは話の続きを聞くと明らかになる……。
　私のクライアントは自らの意見を述べた際、そこにいたプロフィット・センターのマネジャー７人に対しては広告主義のモデルへの移行を断念させた。８人目のマネジャーについては、新しいアイデアを追求するのを思いとどまらせようとはしなかった。逆に、「やってみなさい」と背中を押したのだ。
　この経営者は、事業の８分の７が経験にこだわって行き詰まってしまったら、新しいアイデアが完全に失敗に終わったときに会社が損害をこうむる可能性があることをわかっていた。そのとおりになった。
　言い換えれば、**彼は賭けをヘッジしたのである。変化に抵抗するが「７」に対し、歓迎するが「１」。それが億万長者の思考法なのだ。**

　この話には続きがある……。
　数年後、このクライアントはイギリスで出版されている金融雑誌を購入する機会があった。この雑誌は当時経営困難にあえいでいた。なにしろ雑誌は広告主義である。いつもなら興味を持たないのだが、彼はこの金融雑誌を時代に合った雑誌につくり変えることができると考えた。周囲の反対を押し切ってその雑誌を買収し、オンライン・フィーダーをつくり、ダイレクト・マーケティングのテクニックを利用して最終製品を販売し、生まれ変わらせた。
　で、結果は？　５年後、その雑誌はロンドン一人気の金融雑誌になっている。

億万長者が決断する
2つのポイント

　2つのエピソードは、私がここで説明しようとしていることにピッタリ当てはまる例である。つまり、変化が普通の人に及ぼす影響と生まれながらの億万長者に及ぼす影響の差である。

　だからといって、億万長者の思考法を持つ人が変化に抵抗を示さないと言っているわけではない。抵抗することによって利益が出るなら彼は喜んで抵抗するというだけのことだ。

　が、それはまた別の話。

　生まれながらの億万長者は、目の前に現れるすべてのチャンスに飛びつくわけではない。そのチャンスが彼に利益をもたらすかもしれないという理由だけで、自動的に変化を受け入れるわけでもない。そう、違う。生まれながらの億万長者はもっと現実的だ。利益を得る可能性は高くなければならないのだ。

　このクライアントの場合、広告ベースのオンラインビジネスで勝負したいという気持ちはあったが、プロフィット・センターのマネジャー8人中7人が従来の方法でことを進めるのが前提だった。8人中7人というのは、約85％。つまり、彼はこの新しいアイデアに資金の15％だけ賭けようとしたのだ。

　では、億万長者の思考法を持つ人にとっての見返りとは？

　答えは2つ。「お金」と「自己満足」だ。

　これは重要なポイントである。

　生まれながらの億万長者にとって、お金はさほど動機づけにはならない。億万長者にとっての真の見返りとは、何か新しいことを手がけ、成功するための必要条件を備えていることを世界に証明したときに得られる達成感である。ほとんどの成功者は認めないだろうが、それが真実だ。

さて、ここで普通の人は変化に抵抗するのに対し、億万長者の思考法を持つ人は変化を歓迎するという話に戻ろう。そして、生まれながらの億万長者の思考法について、もう少し丁寧に、役立つことを話そうと思う。

普通の人は変化に対し徹底して拒否反応を示す。なぜなら、彼にとって変化とは余計な仕事とストレスにほかならないからだ。生まれながらの億万長者は、そういったストレスや仕事から最後には見返りが得られる——金銭面、感情面で大いに報われる——かもしれないと考える。

変化に抵抗して損をした人や企業、産業の例は枚挙にいとまがない。デトロイトの自動車メーカーは最もわかりやすい例だ。書籍の出版社や新聞社、雑誌社にも物語（と宿命）がある。ただし、『ウォール・ストリート・ジャーナル』と『ニューヨーク・タイムズ』は有名な例外だ。どちらも機会が訪れたときに賢く、綿密に計算してインターネットへ移行した。

鍵となるのは、億万長者のような思考法である。あなたは**変化に抵抗すべきときと、歓迎すべきときを見極めなければならない**。私に言わせると、経験上知っている場所からどこまで離れた場所に行こうとする意欲あるか、という問題なのだ。

普通の人はどうしても行かなければならない場所より遠くには行きたがらない。企業家志望者はというと、うんと遠くまで行き——未体験のことにチャレンジしたがる。**生まれながらの億万長者は、見える範囲から一歩だけ外に出る。私はこれを「一歩出るルール」と呼んでいる。**

このルールについて、拙書『大富豪の起業術』の中で次のように書いている。

新製品を開発する際、あなたは自分の知っているノウハウから２、３歩以上離れているものへ投資するという失敗をすることを望まない。

なぜなら１歩離れるごとに成功率が低くなるからだ。１歩だったら大丈夫。２歩離れると薄氷の上に立っているようなものだ。３歩離れると、冷え

切った水の中に首までつかってしまう。

単に知らないことが多すぎるというだけだ……あなたには見えない隠れた秘密が多すぎるのだ。

もちろん、今販売しているものとまったく異なる製品で成功することは可能だ。ただ、可能性はかなり低い。成功している企業家は計算したうえでリスクを冒す。つまり勝算のあるときだけ勝負に出るというわけだ。

億万長者のような考え方をするには、変化に対する自分の本能を信じることだ──が、変化を見極められるように、自分自身を訓練することも必要である。そうすれば、金銭面、感情面で大いに満足できる。

あなたはゴールを達成できる確率を計算し、金銭面での見返りがいくらになるかを計算できなければならない。反対していた人たち全員（往々にして支持者より反対者のほうが多いものだ）が畏れ入りましたと詫びるときに、どれほどいい気分になれるかも想像できなければならない。

最高の隠居生活を実現させる3つの質問

しばし目を閉じて、あなたが理想的な隠居生活を楽しんでいるところを思い描いてみよう。もしかしたら、モンタナ川で膝まで水につかって、マス釣りをしているかもしれない。あるいはプラハの大通りをぶらぶらしているかもしれない。あるいは裏庭でフォークナーを読んでいるかもしれない。裏庭で孫たちが遊ぶ音に耳を澄ましているかもしれない。

たぶん、実際の隠居生活は、想像していた生活とはかけ離れている。1つには、裏庭で遊んでいる子どもたちはひ孫の可能性が高い──というのも、自分で思っているよりずっと遅くに引退すると思われるからだ。もしそれが、世間で言う従来の意味での引退だとすればである。

今年発表されたヴァンガードの調査によると、アメリカ人（40～69歳）の60％超が、退職してもなんらかの形で働くと答えていた。ワシントンにあるシンクタンク、ブルッキングズ研究所の研究でも同様の結果が出ている。CBSニュースの記者ナンシー・コルデスも「（研究に参加している人の）約80％は、63歳を超えてもパートタイムで働くつもりと言っている」と報告している。大規模なミシガン大学健康・退職研究（50歳以上のアメリカ人2万2000人以上を対象に2年ごとに実施されている調査）でも、選べるなら、「少しずつ隠居する」——一気に引退するより、時間を短縮するほうを選ぶという結果が出た。

　別の世界——かつて存在していた世界——では、引退とは働かないことだった。引退すれば大家族の一員になった。年をとって仕事をやめたくなったら、やめることができた。子どもは家業を継ぎ、重要な決断を下さなければならないときは相談を受けることもあった。あなたの見識は称賛され、直観力は尊ばれた。愛する人たちに囲まれ、いろいろな苦労が実を結んだ。すべてが素晴らしかった。

　今日、われわれが生きている世界ではあり得ない話だ。1つには、引退して悠々自適に暮らすにはお金がいる。それもたくさんのお金が。ベビーブームの時代に生まれた人の中には、十分なお金がなくて仕事をやめられないため「仕方なく」引退を先延ばししている人もいる。

　引退年齢に達したときに銀行に何億ものお金を持っていても、もっと重大な理由から、あなたにはのんびりと余暇を楽しみながら暮らすという夢を捨て去ってほしい。私の言っている意味を理解するには、まず次のことを理解してもらわなければならない。

　それは、**人生において幸福は無為からではなく、労働から生まれる**ということだ。**嫌な職場で働くのではなく、気に入った仕事に取り組む**のだ。

　だとすれば、素晴らしい隠居生活の秘密とは、あなたがタダでも喜んでやりたいと思う仕事でいかにして報酬を得るか、そして——いつでもどこでもあなたの希望どおりに仕事をする方法を見つけることだ。

あなたは作家になりたいと思うかもしれない。高級食材で料理をしたいという隠れた情熱を持っているかもしれない。常々、天文学か考古学か園芸か……の勉強をやり直したいと考えているかもしれない。

過去のどこかに埋もれている職業——ずっと前にあなたがあきらめてしまった仕事。その夢を蘇らせることができたら？

私の知るある男は、プロのパイロットになるのが夢だった。壁紙会社で30年間勤めあげた後、私の助言に従い、小さなエアラインで非常勤の飛行士の仕事を得た。数年後、彼は共同所有者になった。かつて壁紙を売っていたころよりも、好きなことをしている今のほうがたくさん稼いでいる。しかも、週20時間「働いている」だけなのに。

私の父は、ショービジネスで将来有望とされていたキャリアをあきらめ、教師になった。50年後、彼は俳優業に戻り、プロの俳優になった。いろいろなコマーシャルやメロドラマに出演し、大作映画で小さいけれど台詞のある役をもらい、オフブロードウェーの芝居ではいくつか大役もこなした。俳優になって10年経ち、いくらかお金も稼ぎ、有意義な時間を過ごした。

インターネットによって「引退者」に無限の可能性が広がった。私はオンラインでシガレット・ライターの売買をしている男性と出会った。これはたまたま常日頃より仕事をやめたらやりたいと考えて計画していた仕事だった。ところが、彼は eBay やほかのインターネット・オークションサイトを利用し、週末だけ働いて1年で3万ドル以上をすでに稼いでいる。シガレット・ライターの売買で！

ほかにも例はたくさんある。インターネット・コピーライター、インターネット・エディター、インターネット旅行会社、あるいはインターネット教師などなど。あなたはインターネットで結婚やデートについてアドバイスしたり、下着を販売したりしてお金を稼ぐこともできる。インターネットを利用すれば、野生のバラへの興味や、今までムダでしかなかった19世紀の剣の知識を生かして生計を立てることができるのだ。

最高の隠居生活を実現するには、ゴルフに明け暮れるなんて考えを捨てることだ。代わりに、**あなたにとって意味のある仕事で人生を豊かにし……同時にお金も稼ごう。**

　次の３つの重要な問いに答えて、隠居生活の計画にすぐにとりかかろう。

１．「私が本当に楽しめることは何か？」
２．「誰とするのが最適か？」
３．「どこでしたいか？」

　すぐにパートナーを見つけたり、引っ越したりするのは無理かもしれない。だが、あなたの新しい「仕事」のために役立ちそうなスキルの習得を始めることはできる。

幸せな生活の
ゴールはどこにある？

　もっと金持ちに、もっと健康に、もっと楽しい生活を送るために、以下の誓いを立てよう。

・自分よりほかの人に気を配る。
・問題ではなく、チャンスに注目する。
・まずは聞き役に徹し、自分の話は後回しにする。
・批判は役に立つときだけにする。
・人の悪口は絶対に言わない。
・不平は一切言わない。
・毎日親切な行為をする。

こういった行動はあなたの幸福に大きく影響する。行動が心に平穏をもたらすのだ。お金ではない。成功でもない。運命でもない。

実のある長続きする幸福の秘訣は、自己中心的な考えや、内なる子ども（訳注：誰もが持つ、内にある子どもの部分）を助長することや、俗っぽい心理学者の間ではやっている、そのほかのさまざまなタイプの自己愛とは無縁だ。自己満足をムダに追い求めること（本気でムダだと思っている）に膨大な時間を費やしてきた者として、**人生における幸福や充実感は自分のためではなく、ほかの人のために尽くすことにある**と私は考える。

これは何も革命的な考えではなく、たとえばキリストやガンジーが伝える本質的なメッセージだと思う。あなたがまだ知らないことは、たぶん何も言っていない。それに、無欲に生き続けるという点では、私よりもあなたのほうがずっと先を行っているかもしれない。とはいえ、あなたはきっと気づいていると思うが、ほかの人を優先するという誓いには、常に配慮が必要だ。これこそ今まさに私があなたにその誓いを新たにしてほしいと求めている——自分自身に求めているように——理由だ。

私が立派だと思う幸せな人たちについて考えると、彼らは面倒見がいい。私が言っているのは、宣教師や本格的な博愛主義者ではなく、ごく一般の人のことだ。彼らは周囲の人々に気を配るのが習慣になっている。

そのような人は、「ご機嫌いかがですか？」とあなたに尋ね、その答えを気にかけてくれる。病気になるとお見舞いに来て、あなたが欲しい優しいことばをかけてくれる。

彼らだってほかの人と同じ問題を抱えている普通の人だ——が、あなたに同情してほしいとは言わない。膝にけがをしてびっこを引いているあなたに会ったときに自分の背中がズキズキ痛む話をしたりしない。あなたに共感し、役に立ちそうな治療法を勧める。祝日の食事を終え、誰もが食後の1杯や煙草を一服しにそそくさと立ち去る中、彼らはホストとともに残り——お皿を洗ったり、テーブルを拭いたりして手伝うのである。

彼らはあなたの子どもの名前を覚えている。あなたの誕生日を覚えている。あなたのコーヒーの飲み方を知っている。あなたには今よりもっと立派に、もっと強く、もっと成功してほしいと願っているが、実は今のあなたに不満を持っていることをあなたに悟られたりはしない。

幸いにも、私が結婚したのはそういう人の1人だ。私の姉もその典型である。条件を満たす友人や同僚もいる。私はいつも彼らの善良さに驚かされ、彼らの強さに頭が上がらずにいる。彼らのおかげで、私は年々少しずつでもいい、もっと善良な人間になりたいと思うようになった。

もっと善良な人間になるための第一歩は、肉親をもっと幸せにしようとすることだ。

配偶者や子ども、母親や父親、おば、おじ、姪や甥はあなたの問題を解決するためにこの世に生まれてきたのではない。問題の解決はあなたの仕事だ。彼らに愚痴をこぼす時間は短く、愚痴を聞く時間を長くするように心がける。

彼らに会ったときはニッコリ笑いかけよう。彼らの夢や野心をあなたに語るのに必要な時間を与え、関心を向ける。彼らが求めれば助言を与え、求めていないときは口を出さない。切羽詰まったときに頼りにしてもらえる人になる。彼らのちょっとした過ちを愛おしみ、失敗を克服するように励ます。

何をおいても、彼らに誠実であれ。

職場の同僚に対しても、信頼できる堅実な人間であるようにする。彼らのゴールを実現する手助けをする——彼らのサポートを得たいからではなく、ひとえに成功してほしいからそうするのだ。

知らない人——偶然出会った見知らぬ人やフォスター・チャイルド、あなたの援助で助かる病気の人や貧しい人——にも何かすること。お金を使い、時間を費やし、何よりもあなたの愛を注ごう。

この自分以外への視線がごく自然に日常生活の一部になるようにしよう。

目的を持って意図的に行動し、第2の天性にしてしまうのだ。

これは1年で達成できるようなゴールではない。これは今年の私の「ゴール」だ。たぶんあなたのゴールにもなるだろう。

結論

成功は
出自や運、
環境とは
関係ない

　高校時代、私はアルファ・オメガ・シータ（AOT）という、1950年代から1960年代にかけてブルックリンとロングアイランドで幅を利かせていた数少ない高校のフラタニティの誇り高きメンバーだった。
　大学のフラタニティ同様、誓約は形骸化し、金魚を飲み込んだり、フラタニティ・ソングを歌ったり、ビールパーティで吐き散らしたりした。また、リトルリーグ・チームを主催し、放課後には個人個人で、ロックビルセンターのレクリエーションセンターやアイランドパークのネイサンズ・フェイマス・ホットドッグのような地元のたまり場で集団でケンカをしていた。

　AOTは高校のフラタニティの中で異色だった。なぜなら差別しなかったからである。アイルランド系とイタリア系の生徒を中心として、黒人やヒスパニック、ユダヤ人、WASP（訳注：米国の支配的特権階級を形成するとされるアングロサクソン系の新教徒の白人）も仲間として迎え入れていた。

こういったメンバーは、ライバルのフラタニティ、オメガ・ガンマ・デルタからは歓迎されなかった。

私たちのほとんどが労働階級出身か貧しかった。だが、富裕層が集まる地区に住んでいるメンバーもわずかながらいた。私たちを結びつけていたのは世界観だった。みんな友愛の精神——団結して青春期を過ごすこと——を信じていた。だいたいそうやって過ごした。

高校を出るとクラスは自然に解散したが、私を含めて少なくとも二十数人の生徒は密に連絡を取り合っていた。その中で3人はベトナムで死亡し、1人はベトナムから帰還する列車の駅で自ら首を吊り、4人は薬物の過剰摂取で死亡し、1人はケンカで殺され、1人は殺人罪で終身刑をくらい、何人かはさまざまな理由で監獄行きになった。残りのほとんどは、一番いい時期を先の知れた仕事に費やし、なぐさめに一杯飲んで、若かりしころに望んでいたのとは程遠い生活に甘んじていた。

ほんの一握りだが、成功者もいた。ピーター・Pとジョーイ・Mは小さな事業を始め、引退するまで裕福に暮らした。ジョン・Fはニューヨーク証券取引所の副社長に、ヘンリー・Gは超お金持ちの債券トレーダーになった。ピーター・Wはライダー社のためにたくさんの退屈な仕事をした。ケビン・Kはコンピュータ事業で成功し、50歳で引退した。リッチー・Bは共和党の有力者となった。

カール・BBはハードウェア事業でぜいたくな暮らしを手に入れたが、HIVになってしまった。アレックは人生の半分を酒とコカインでムダにしたが、40歳のときに自力で立ち直り、今は家族を持ち、ビジネスも成功している——この2つを手にして生きることになるとは彼は想像もしていなかった。

私の人生の転機は大学時代に訪れ、平和部隊でアフリカにいるときに熟し、1980年代初めに拍車がかかって金持ちになろうと心に決めた。

1つの集団として、私たちが恵まれた運命の持ち主でなかったのは明白だ。だが、半数は生き延び、そのうちの数人は今ではどうにか誇れる生活を

送れるようになった。

　この成功のうちどれだけが運のおかげなのか、それとも運命のおかげなのか。また、どれだけが変化を決断したことによるものなのか、私はよく考える。

　正直なところ、私の変化に運はほとんど関係なかった。それは意識して下した決断だった。高校を卒業するときにわが道を変えようと決意し、自ら掘って入った穴から這い上がったのだ。

　お金もなく、特別な才能もなく、偉い友人もいなかった。教育をムダにした。お金は家のペンキ塗りや服を盗んで稼いだ。社会の底辺に生きる人間である……その事実は親や兄弟姉妹、私にとってはわかりきったことだった。私は私であることを恥じ、変わりたいと思った。

　同時に、私はいつか金持ちになるとずっと信じていた。それもいつか物書きとして生計を立てたいと思っていた。

　こういった感情が変化への原動力となった。変えることができたのは、私を社会の最下層に押しとどめていた悪習だけだった。酒を飲み、ケンカをし、酒盛りをしては騒ぐという生活をやめ、取りつかれたようにひたすら勉強に熱中した。8年間、フルタイムで働き、全日制の学校に通った。大学を優等で卒業し、ミシガン大学で修士号をとり、ワシントンD．C．のカトリック大学で博士課程の単位を修了した。

　その後2年間、私はアフリカのチャド大学で英文学を教えた。滞在中にフランス語が堪能になり、現代アラビア語をかじり、哲学を研究し、そして作家になった。

　それ以来、私は楽しみのために、そしてキャリアアップのために、ほぼ毎日執筆している。5年後、初めてベストセラー本を出し、初めて100万ドル稼いだ。その後も書き続け、文章作法を教え、私や私の子どもたちが必要としている以上の富を蓄えた。

　経験から、私はいろいろなことを学んだ。

- 特権があるからといって成功するとは限らない。
- 出自がどうあれ、誰でも人生をよい方向へ変えることができる。
- 旧友こそ最高の友人である——無一文のときのあなたに誠実だった友人が。

マスタープランは新しい人生に誘う

　ムダに過ごした青年時代を振り返ると、心ひそかに自分にふさわしいと思っていた生活から私を遠ざけていたのは、ひとえに自分の行動を変える能力のなさだった。いったんその事実と変化の必要性に気づくと、すべてが私に向かって動き始めた。変化が起きるとき、そのスピードは速く、持続した。もちろん逆流もあったが、決して私の前進を止めることはできなかった。なぜなら私がそうさせなかったからだ。高校の同じクラスの出身者で——特権を持たないフラタニティの仲間たちだけでなく、特権階級の富裕な生徒も含めた中で一番の成功者になろうとして必死だった。実際、私はそうなれたと思う。

　これこそ私が個人の変化する能力を強く信じる理由だ。
　今、どんなに悪い状況にあってもかまわない。さえない仕事についているとか、無職であってもかまわない。最低の賃金しか稼いでいなくても、失業していてもかまわない。借金があって打ちひしがれ、落ち込んでいてもかまわない。
　あなたの望みどおり一気に、やすやすと人生を180度変えることができる。**すべては古い自分を捨て、内なる自分を、そうなる資格があるとあなたが考える人間にする瞬間に始まる。**

本書の目的は、自分が変化するためのマスタープラン（全体計画）を提供することだった。私はベストを尽くして、落ちこぼれ時代から今日の私になるまでの40年間の道のりで学んだ、重要なあらゆる教訓を含めるように構成した。

　本書のアドバイスを真剣に受け止め、実践すれば、あなたは求めている変身を遂げられると信じている。少しの時間でいいから、すぐに新しい生活の様子や雰囲気をできるだけ具体的に想像してみてほしい。

　新しい家、新しい車、新しいキャリア、そして何より重要なのは、個人の力と経済的独立についてのあなたの新しい意識を思い描くことだ。思い描いているすべてのものを与えてくれるマスタープランをすでに手にしているという、今の実感を楽しもう。

　そして、間もなく成功感と達成感を味わえることを喜ぼう。あなたはそのために何が必要かを知っているし、方法も知っている。

　本書の冒頭部分で、あなたは人生を大きく変えるのに必要なものについて重大な2つの真実を知った。
・**怠惰ほど大きな障害はない。**
・**何らかの行動を起こすと——ささいなことでもかまわない——たちまちあなたの人生が変わり始める。**

　今ではあなたは大きな変化には大きな計画が必要であると知っている。そしてその大きな計画をすでに持っている。自分のマスタープランを立てることで、変化のための設計図を自分自身に示すのだ。

　あなたは今では最も重要なゴールをすべて実現する方法を知っている。新しい人生の素晴らしさを今すぐ楽しめるようになる方法も知っている。

　あなた自身のマスタープランを立てるため、まずは自分のコア・バリューを調べた。自分の葬式に参列していると想像してみて、人生の重要な局面にあった自分をどんなふうに思い出してほしいのかを知った。この実験を利用

して、ずっと気づかないでいた、自分自身についての大切なことを明らかにした。

　次のステップは、葬式の式次第を利用して人生のゴールを設定することだった。この人生のゴールを書き留めてみて、今ではこの書き留めるという行為がいかに重要だったかを実感しているだろう。

　そこでパート2で推奨した手順に従い、この人生のゴールを7年、1年、1カ月、1週間、最終的には一日の課題として細かく分けた。優先順位をつけるのに使うテクニックも教えた。最重要課題を毎日全部こなすのにうってつけのコツも伝授した。

　人生を変える、朝一番の日課についても紹介した。この日課は、個人の生産性についてこれまで思いついた中で最高のアイデアと、ある晩遅く何杯か飲みすぎたときにパッとひらめいた秘密をまとめたものだ。

　私が10以上ある生涯のゴールを実現できたのも、この日課があればこそ。しかも、どれも私が何十年も先延ばししてきたゴールなのだ！

　あなたは成果を常に把握し、さらなる成果を求めるように自分を駆り立てるための素晴らしいシステムを学んだ（本書に書いてあるコツや方法、決まりごとはどれも独自のものだ。最高の時間管理法や個人の生産性については専門家から拝借した概念も含まれているが、プログラム——マスタープラン——はオリジナルである）。

　このシステムによって、確かに私個人の生産性は4倍になった——しかも、このシステムを編み出す前も私の生産性はかなりのものだったのだ！

　あなたは次の知識も得た。

- なぜゴールを書き留めなければならないのか。
- 日記をつけ続けることによって、なぜ順調にことが進むのか。
- 成功する確率を大幅にアップさせるゴール設定の4つの法則。
- 朝一番にEメールやボイスメール、書類受けをチェックしてはいけないのははぜか。

成功する人が実践する朝時間の使い方

　あなたはパート2でこれらのすべてを頭に叩き込んだ。このパートに書かれたアイデアを実行に移せば、絶対にほかのどの情報源からよりも多くを学んだと感じられるだろう。

　だが、これは序の口だ。

　パート3では私の早朝の日課の秘密について詳しく述べ、最大の生産性を得るために時間をどうやりくりするかを学んだ。具体的には、何事にも首尾よく対応するためのシステムを紹介した。

　あなたの責務でもあり、あなたの部下みんなの責務でもある（このシステムを知る前、うちの従業員はバレなければ何をしても許されると好き勝手していた。今では私は従業員たちが私の指示するすべての職務を全うすることを知っている。知っていることで私は強い信頼感を持つようになり、私がかかわっているすべてのビジネスの生産性が大幅に上がった）。

次に、あなたは毎日特別な時間を持つための極めて効果的なコツを学んだ。あなたはすぐにでもこの時間を活用して楽しく過ごすなり、さらなる成果を達成するなりしていい。

このほかにも、あなたは自分を成功マシンに変えるための奥義を学んだ。最後になったが無視できない、完璧なオフィスのつくり方も知った（これで大きな差が出る！）。

また、次のことも新たに知った。

・早起きすればもっと幸せに、もっと健康に、もっと生産的になる理由と、筋金入りの朝寝坊でさえ早起きになる12のステップ。
・準備にどれだけ時間をかけるべきか……行動を起こすのにどれだけ時間をかけるべきか。
・成功について考えすぎてはいけない理由。
・どれを問題視し、どれを無視するか。

これだけではない。

パート4では、いろいろな人から教わったことが、マスタープランプログラムで一番重要な要素になったことについて述べた。

このパートでは、毎日の生活をもっとこのうえなく豊かにする方法について、私の知る最も賢い人々から学んだことをすべて伝えた。あなたは人生の瞬間、瞬間に選択することを学んだ。

あなたはどれを選択したら自分の経験がもっと豊かになるか、もっと報われるかを即座に見分ける方法を知った。そしてまた、どれを選択したらあなたの時間がムダになるのか、あるいはあなたが「より貧しく」なるかを見分ける方法も知った。

人生においてムダで破滅的な習慣を断ち切ると、外の世界がどんな試練を与えようと、すぐさま個人の豊かさを生み出すパワーが出る。

何よりも大事なのは、無欲の志向性という禅の奥義を知ったことだ。結果

結論

を気にすることなく、より多くを成し遂げる方法を学んだ。これは今後の人生で失望や絶望と永遠におさらばするために使える心理テクニックだ。また、次のことも会得した。

・行動を起こすのを妨げる３つの障害を克服する方法。
・途中で自分に褒美をあげることが、ゴールを達成するために必要不可欠な理由。
・シンプルだが満ち足りた生活を送るための５つの戦略。
・人生において、無視しても大丈夫な「緊急事態」とは？

　パート５では、プラス思考を実践している人の90％に効果が認められなかった理由（つまり、プラス思考を謳っている人の90％がいつも負け犬である理由）を学んだ。それからこの思考法が有効だった10％に入るために何をすべきかについても学んだ。
　お金を儲けるための元手がなくても、必要なだけのお金を稼ぐことができるようになる「麻薬中毒者の秘密」についても述べた。
　あなたは疑念を自分のためになるように使う方法や、大きく飛躍する方法とそのタイミング、自分の進歩を管理するコツも会得した。最後に、失敗を恐れる心に打ち勝つための、科学的に証明された唯一の方法を学んだ。
　また、次のことも学んだ。

・始める前にものごとが「正しい」状態になるのを待つことができない理由。
・失敗促進の秘訣。
・なりたい自分になるためにやるべき、唯一のこと。
・自分に疑念を抱いてもよいタイミング。

あなたは成功する
準備ができている!

　パート6では、メンターを見つけ、知恵を授かることについて極めて独特の考え方を示した。

　ほとんどの人は正しいメンターがどれほど助けになるのかわかっていない。私はあなたに必要な人物を見極め、味方に引き入れる方法について述べた。

　また、強力でカリスマ性のあるリーダーであるために一番重要な秘密と、読解力を3倍にする方法（と、本当にあなたの利益になるアイデアの集め方）についても述べた。

　また、次のことも学んだ。

・リーダーシップについてダンスが教えてくれること。
・質問の仕方でビジネスや人生のすべてがどう変わるか。
・スキルを1つマスターすることで個人のパワーを倍増すること。
・一日4時間労働の秘訣。

　パート7では、成功するための最重要課題——誰よりも野心家で有能な人の成功さえも阻む罠や障害について述べた。

　情報の氾濫や理不尽なメール、迷惑なのに邪魔される煩わしさ、あなたの時間に対する厚かましい要求、足をすくわれそうな穴などを克服することについて、そして最後になるが——さびしさがひどい落ち込みへ変わる前にこれを乗り越える方法について述べた。

　また、次のことも学んだ。

・災難に見舞われたときにすべきこと。
・氾濫する情報のパワーによって生産性が崩壊するのを避ける方法。

・プラス思考を無視するときと――取り入れるべきとき。
・人生と仕事に対する情熱を取り戻す秘訣。

　パート8では、おまけとして富を築くことについて最もお勧めする考え方を一部紹介した。
　このパートでは、富が本当に意味すること、あなたが本当に必要としている富はどれほどか、そして簡単に、いやそれどころか自動的に富を築く方法について述べた。どんなビジネスでもアッという間にトップに登りつめるコツ、3年ごとに富を正味で2倍に増やす方法、変化を個人の生活や従業員の生活に取り込む方法、そして最後に、早々と「隠居」し、明日から始まる豊かな人生を享受する方法についても述べた。

　以上が、本書に書かれていたことだ。そしてあなたに学んでほしいことだ。
　すべてここに詰まっている。私が伝授したすべてのアイデア、戦略、方法は、私の経験上、いくども実証されてきた。きっと効果があるはずだ。だって、私には効き目があったのだから。
　今の時点であなたがそのすべてを実現させていないのなら、やるべきことは、「理解できていない」セクションに戻って再読し、すぐに行動に移すことだけだ。
　これは本であって魔法の薬ではない。人生を変えるために必要なすべての要素が満載だが、使わない限り役に立たない。**今すぐ行動に移してこれらのアイデアを活用しよう。**

　これらのアイデアからメリットを得るために体験したり、前もって知識を仕入れておいたりする必要はない。ただ行動に移せばいいだけだ。
　たとえ今は信じられなくても、いつか効果を発揮するときが来る。疑うことをやめ、指示に従う。行動する。そうすれば、すぐさま信じられるようになるだろう。

マスタープランに従って行動を始めた瞬間、あなたの人生はよい方向に変わり始める。具体的な結果が現れてきたら——それもすぐに現れるだろう——変化することを決断して大正解だと思うだろう。
　ものごとが変化し、新たな生活からあらゆるメリットを享受するようになったら、本書をほかの人に紹介し、私にもメリットをおすそ分けしてほしい。あなたが助けてあげたいと思う相手に本書を進呈してもいいが、本書を買う気にさせ、自己投資させることができたら、あなたにとっても、その人にとっても（そして私にとっても！）、それに越したことはない。

　覚えていてほしい。成功への道は、「構え……撃て……狙え」だ。
　すでに本書を読破しているあなたは間違いなく構えに入っている。そろそろ撃つべきころだ。今すぐに。
　これ以上、ムダに先延ばししない。細部を手直ししてマスタープランを練り上げる時間はたっぷりある。
　今は行動するときだ。この機会を逃すな！

著者略歴

マイケル・マスターソンは典型的なビジネスマンではない。かつて平和部隊の志願兵として働いた経験を持つ彼は、ビジネスの授業をとったことがない。ビジネス誌を読まない。ビジネスの話もしたがらない。空いた時間は詩を書いたり、美術品を収集したり、ブラジリアン柔術の稽古をしたりしている。隣人たちは彼をボヘミアンと呼ぶ。

彼は企業家でもある。初めて事業を始めたのは11歳のとき。それから約50年が過ぎて、さまざまな業界で成功する多くの企業にとってなくてはならない存在となった。

マイケルが立ち上げを手助けすると引き受けた最後のビジネスは、EarlytoRise.com である。これは「健康、富、英知」についてアドバイスとトレーニングを提供するインターネットベースの会社だ。当初、少数の信奉者たちに送られる内々の週刊メールマガジンとして始まったのだが、たちまち2800万ドル規模の企業へと成長した。

このところ、彼のビジネスライフの主眼は、もっぱらコンサルタントとしてアゴラ社に向けられている。アゴラ社はボルティモアに本社を置く情報製品の出版社で、英国、フランス、スペイン、ドイツ、南アフリカ、オーストラリアに支社がある。

秘密の昼食会から新たに何百万ドルものベンチャー企業を生み出してきたにもかかわらず、二度目の引退の後（53歳のときのことだ）、マイケルはほとんどの時間を教えることと書くことで過ごしてきたと主張する。

マイケルは詩やフィクション（彼いわく「イマイチ」とのこと）、ビジネスや資産形成に関する本を執筆している（どれも『ウォール・ストリート・ジャーナル』、Amazon.com、『ニューヨーク・タイムズ』のベストセラーになっている）。「私には私のものの見方を評価してくれる読者がいる。うれしいことです」と、マイケルは言う。

ノンフィクションには、『大富豪の起業術：ゼロから１億円を生み出す最速の方法とは』（ダイレクト出版）『Seven Years to Seven Figures: The Fast-Track Plan to Becoming a Millionaire（７年で100万ドルを手にする方法──億万長者になるための迅速な計画）』、『Automatic Wealth for Grads …and Anyone Else Just Starting out（新卒の人、駆け出しの人たちのための自動的な富）』『Automatic Wealth: The Six Steps to Financial Independence（自動的な富：経済的に独立するための６つのステップ）』『Power and Persuasion: How to Command Success in Business and Your Personal Life（力と説得〜ビジネスとプライベートで成功する方法）』『Confessions of a Self-Made Multimillionaire（自力で億万長者になった人が明かす事実）』『小さな会社のメディア・ミックス・マーケティング12の方法』（共著：メアリ・エレン・トリビー）。

『The Pledge（大富豪の仕事術）』はマイケルの12作目の著作で、ジョン・ワイリー・アンド・サンズ社からは７作目である。彼は引き続き、毎週、小規模のビジネスの立ち上げと育成についてメールマガジンEarytoRise.comに書いている。

大富豪の仕事術

発行日　2012年4月22日　第1版第1刷発行
　　　　2013年5月18日　第1版第5刷発行

著　　　者	マイケル・マスターソン
装　　　丁	渡邊民人（TYPEFACE）
本文デザイン	二ノ宮匡（TYPEFACE）
編集協力	岩崎英彦
翻訳協力	株式会社トランネット
発 行 人	小川忠洋
発 行 所	ダイレクト出版株式会社

　　　　　〒541-0059　大阪市中央区博労町1-7-7
　　　　　　　　　　　中央博労町ビル9F
　　　　　TEL06-6268-0850
　　　　　FAX06-6268-0851
印 刷 所　株式会社光邦

©Direct Publishing,2012
Printed in Japan ISBN978-4-904884-30-0
※本書の複写・複製を禁じます。
※落丁・乱丁本はお取り替えいたします。

ダイレクト出版の最新刊！

世界No.1の「億万長者メーカー」が書いたセールス戦略のバイブル！

もっと簡単に売りたいけれど、どうしたらいいかわからない営業マンへ

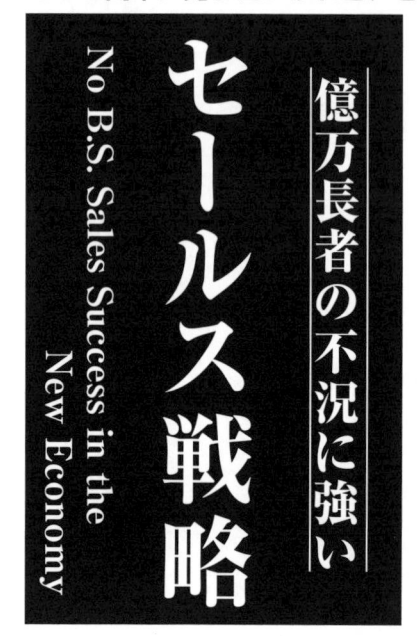

億万長者の不況に強い セールス戦略
No B.S. Sales Success in the New Economy

ダン・S・ケネディ 小川忠洋 監訳

定価：3,980円（税込）

- もしあなたが、見込み客に必要とされる、誇り高い営業マンでありたいと思うなら…
- もしあなたが、「断られる」恐怖とストレスから解放されたいなら…
- もしあなたが、少ない時間で高い収入を得たいなら…

ダン・ケネディ流「ほとんどの営業マンが知らない売らずに売る営業スタイル」を公開！

＊90日間の無条件満足保証付きです。100％満足できなければ、全額返金します。

絶賛発売中!!

詳しくはこちらをご覧ください。www.directbook.jp